本书获得厦门理工学院学术专著出版基金资助

经管文库·管理类

前沿·学术·经典

# 学者型高管对企业财务行为影响研究

STUDY ON THE INFLUENCE OF EXECUTIVES'
ACADEMIC BACKGROUND ON CORPORATE
FINANCIAL BEHAVIOR

**汤晓冬 著**

经济管理出版社

ECONOMY & MANAGEMENT PUBLISHING HOUSE

**图书在版编目（CIP）数据**

学者型高管对企业财务行为影响研究 / 汤晓冬著 —北京：经济管理出版社，2023.4
ISBN 978-7-5096-8983-7

Ⅰ.①学… Ⅱ.①汤… Ⅲ.①企业—管理人员—影响—企业管理—财务管理—研究—
中国 Ⅳ.①F275

中国国家版本馆 CIP 数据核字（2023）第 061459 号

组稿编辑：杨国强
责任编辑：杨国强
责任印制：黄章平
责任校对：蔡晓臻

出版发行：经济管理出版社
　　　　　（北京市海淀区北蜂窝 8 号中雅大厦 A 座 11 层　100038）
网　　　址：www.E-mp.com.cn
电　　　话：（010）51915602
印　　　刷：唐山玺诚印务有限公司
经　　　销：新华书店
开　　　本：720 mm×1000 mm/16
印　　　张：11.75
字　　　数：203 千字
版　　　次：2023 年 4 月第 1 版　2023 年 4 月第 1 次印刷
书　　　号：ISBN 978-7-5096-8983-7
定　　　价：98.00 元

# 前　言

　　改革开放 40 年，国务院再次向国内科研人员抛出"下海"的绣球，鼓励其离岗创业。党的十九大报告（2017）和政府工作报告（2018）提出，建立以企业为主体、市场为导向，产学研深度融合的技术创新体系，强调要促进产学研的深度融合。同时，中共中央办公厅、国务院办公厅（2016，2017）指出，允许科研人员和教师依法依规适度兼职，鼓励专业人才成为创业引领者，并要求加快落实高校、科研院所等专业技术人员离岗创业政策，为离岗创业人员提供最好的后勤保障；鼓励科研人员在岗适度兼职，政策上允许为科研人员提供三年的停薪留岗。在我国相关政策的引导下，科研人员到企业任职或兼职的人数（不含独立董事）增长将近 270%，这为学术研究提供了充足的样本。那么，在科研人员下海的时代背景下，学者型高管对企业投资、融资和经营行为的影响还有待深入研究。尤其是从产品市场的视角出发，学者型高管能否增强企业竞争优势和声誉，进而提升供应链中的市场地位，进而影响供应链上的财务行为？与这些问题相关的研究成果相对较少且分散，尚未形成系统化的研究成果。因此，从产品市场的视角研究，研究学者型高管对企业投资、融资和经营行为的影响，具有较强的理论意义和现实意义。

　　本书将学者型高管定义为"具有高校任教、科研机构或协会从事研究经历的企业高管团队成员"，以"高阶梯队理论"（Hambrick and Mason，1984）"社会资本理论"（Coleman，1988）、"资源依赖理论"（Pfeffer and Salancik，2003）、"烙印理论"为理论基础，从产品市场的视角，研究学者型高管对企业投资、融资和经营行为的影响，并研究相应的影响机制。全书共六章，各章主要内容如下：

　　第一章为绪论部分。主要论述了本书的选题背景、研究意义、研究目的、研究思路及方法。

　　第二章为文献回顾与研究述评。本章主要目的是系统、全面地梳理国内外与高管学术经历、独立董事学术经历、商业信用影响因素、会计信息可比性影响因素、企业创新影响因素等相关的重要文献，并对现有文献做出述评，分析现有研究成果的优势与不足。

第三章为学者型高管与企业投资行为。首先，从时间维度研究了学者型高管对企业创新行为的影响，具体包括创新投入、创新绩效及可能存在的中介效应。其次，对学者型高管促进企业创新绩效的动机、提高创新投资密度的影响机制进行检验。再次，从产品市场的视角，检验学者型高管能否增强企业在产品市场上的市场地位，进而提高议价能力。最后，从产权性质、高科技企业等维度，检验学者型高管对创新绩效影响的异质性。

第四章为学者型高管与企业融资行为。首先，检验学者型高管对国有企业、非国有企业商业信用融资的影响。其次，检验学者型高管对国有企业、非国有企业商业信用融资的主要影响机制。

第五章为学者型高管与企业经营行为。首先，检验学者型高管对会计信息可比性的影响，以及上述影响在客户集中度、产品市场竞争激烈程度不同的样本中存在的异质性。其次，检验学者型高管对会计信息可比性的影响机制。

第六章为结论、启示与研究展望。主要对全书的研究成果进行总结，强调本书的研究结论和意义，并指出本书的不足之处与局限性，以及对后续研究的展望。

通过理论分析和实证检验，本书研究得到的主要结论如下：

第一，在企业投资行为方面。学者型高管任职的企业拥有更高的研发投资密度和更好的创新绩效，在这个过程中，研发投资密度起了部分中介效应。同时，本书从时间维度研究了学者型高管对企业创新行为的影响，发现学者型高管对创新绩效的促进作用存在当期效应与时滞效应，且学者型高管对企业创新的传导作用在时滞效应中更为明显。进一步研究发现：①学者型高管对实质性创新的促进作用更为明显；②人力资源和财务资源是学者型高管促进企业创新的影响机制；③学者型高管能够缓解客户集中度、供应商集中度、市场竞争激烈与融资约束对研发创新投入的负面影响，说明学者型高管能够缓解产品市场上由于企业议价能力不足导致的盈利空间较小等情况对研发创新投入的抑制作用。

第二，在企业融资行为方面。学者型高管降低了国有企业的商业信用融资规模，但增加了非国有企业的商业信用融资规模。进一步的机制检验发现：①对于国有企业而言，体恤效应是学者型高管影响商业信用融资的主要机制，即学者型高管降低商业信用融资规模，主要是由于学者型高管体恤供应商，进而减少对供应商资金的占用；②对于非国有企业而言，竞争力机制和信任机制是学者型高管影响商业信用融资的影响机制。其中，信任机制指学者型高管提高了企业声誉，降低了企业信息风险与代理风险，获得更多的商业信用融资；竞争力机制指学者型高管增强了企业竞争力，增强了非国有企业的市场地位和议价能力，从而获得更多的商业信用融资。

第三，在企业经营行为方面。学者型高管能够增强会计信息的可比性，对会计信息质量产生积极影响。这种积极影响能够缓解客户集中度高、产品市场竞争激烈对会计信息可比性的负面影响。进一步的机制检验发现：①学者型高管能够提高企业的创新绩效，促进实质性创新，提高企业在产品市场的竞争力，从而缓解专有性成本效应对会计信息可比性产生的负面影响；②学者型高管通过提高会计盈余质量，缓解了盈余压力对会计信息可比性的负面影响；③学者型高管是内部治理的有效手段，提高了公司治理效应，增强了会计信息可比性。可以看出，学者型高管能够增强企业创新绩效，提高企业公司治理水平，增强盈利质量，提高产品竞争力，不惧怕会计信息披露而产生的负面影响。

本书的贡献和创新主要体现在以下方面：

第一，在研究内容方面。本书以"高阶梯队理论"（Hambrick and Mason，1984）、"社会资本理论"（Coleman，1988）、"资源依赖理论"（Pfeffer and Salancik，2003）、"烙印理论"为理论基础，实证检验了学者型高管对上市公司创新投资、商业信用融资和会计信息可比性的影响，丰富了高管学术经历与企业创新、商业信用和会计信息可比性的研究成果。

第二，在研究视角方面。本书主要从产品市场的视角进行研究，并对相应的机制进行检验。与以往高管学术经历的研究成果相比，本书首次从产品市场的视角进行研究，为学者型高管与实体经济之间研究提供经验证据。

第三，在研究结论方面。本书发现，学者型高管能够通过企业创新增强企业核心竞争力，通过企业声誉机制降低企业信息风险和代理风险，提高市场地位，从而能够获取更多商业信用融资，也避免担心专有性成本而降低会计信息质量。

# 目 录

# 第一章　绪　论

## 第一节　研究背景

近年来，国务院再次向国内科研人员抛出"下海"的绣球，支持和鼓励其在职或离岗创业、到企业兼职兼薪。党的十九大报告（2017）和政府工作报告（2018）提出建立以企业为主体、市场为导向，产学研深度融合的技术创新体系，强调要促进产学研的深度融合。同时，中共中央办公厅、国务院办公厅（2016）印发的《关于实行以增加知识价值为导向分配政策的若干意见》指出，允许科研人员和教师依法依规适度兼职，鼓励专业人才成为创业引领者。国务院（2018）印发的《关于推动创新创业高质量发展打造"双创"升级版的意见》指出，科研院所与企业之间创新资源要素应自由畅通流动，出台鼓励和支持科研人员离岗创业实施细则。为此，人力资源和社会保障部（2019）印发《关于进一步支持和鼓励事业单位科研人员创新创业的指导意见》，明确了进一步支持和鼓励事业单位科研人员创新创业的具体政策措施。受上述政策的影响，越来越多的科研人员到企业兼职或任职。根据 CSAMR 数据库有关上市公司高管个人特征数据库进行整理发现，2008~2020 年，科研人员到企业兼职或任职（不含独立董事）的人数，增长将近 272%。[①] 可以看出，越来越多的科研人员响应国家的号召投身到企业的经营管理活动中。

20 世纪 90 年代，我国经历过一次典型的"下海潮"，许多体制内的人士放弃铁饭碗，下海经商并成为商界领军人物。这批下海经商的人员以知识分子为主，并且不乏来自高校与科研院所的科研人员，造就了一段段广为流传的下海创业佳话。考虑到两次"下海潮"的时代背景与制度环境存在着较大的差

---

① 到企业兼职或任职的科研人员在 2008~2020 年的人数分别为：1508、1797、2565、3041、3279、3355、3664、4584、4888、5570、5776、5037、5609。

异，对我国经济发展的影响机制与结果可能不一致。具体而言，目前我国高等院校和研究机构的科研能力与实力较高，但科研成果转化效率总体较低，对经济发展的促进作用远远不如预期。让科研人员进入市场是提高科研成果转化率和转化效率最直接有效的方法，有利于提升我国企业的生产力，促进我国经济的发展水平。同时，科研人员的知识结构、价值观和心理偏好等方面也存在着一定的差异，对企业的经营管理的影响机制也有别于上一次"下海潮"。企业的经营管理行为属于企业的财务行为，并对财务状况产生影响。因此，本次"科研人员下海"对公司的财务行为的影响是有待深入研究的课题。

高管学术经历是近年来的研究热点问题，学者们也对高管学术经历进行了一系列的研究。现有研究成果主要集中在高管学术经历对企业创新的影响，研究视角更偏向于"科技型科研人员下海"。此外，还有学者对高管学术经历对债务融资、审计收费的影响进行研究。现有研究成果相对比较零散，还未形成较为完整的体系。此外，现有研究发现，高管学术经历能够降低企业的金融化，意味着学者型高管促进企业将更多的资源配置到实体行业之中。但现有研究成果还尚未从产品市场的视角研究高管学术经历对企业财务行为的影响。可以看出，以产品市场为研究视角，探讨学者型高管对企业产品市场表现的影响，是一个还有待研究并且兼具理论意义和现实意义的课题。

# 第二节　研究意义

## 一、理论意义

本书从产品市场视角研究学者型高管对企业财务行为的影响，一方面，丰富了高管学术经历的研究成果，提供了学者型高管对企业财务行为影响的经验证据；另一方面，对学者型高管对企业财务行为的影响机制进行了深入的检验，更加深刻地解释了学者型高管发挥作用的渠道与机制。

## 二、现实意义

本书研究发现，学者型高管对内完善了公司治理，提高了企业的创新能力；对外传递了良好的声誉，增加了利益相关者对企业的信任，进而影响着企业在产品市场上的表现。上述研究结论为政府制定更有针对性的科研人员创新创业政策、企业完善管理层团队提供了相应的经验证据。

# 第三节 概念界定

## 一、学者型高管

根据现有研究成果，高管学术经历被定为"正在或者曾经在高校任教、在科研机构任职或在协会从事研究的经历"。换言之，高管学术经历的判断标准为，高管团队中的成员是否受过系统的学术训练，并且从事科研工作。可以看出，高管学术经历与高管教育背景存在着一定的异同。例如，对于具有博士学位的高管来说，如果仅仅获取博士学位，但在获取博士学位后未从事科研工作，则被认为不具备学术经历。而对于不具备博士学位的高管来说，虽然不具备我国的最高学历，但如果曾经在高校等科研机构从事科研工作，则认为具备学术经历。

本书借鉴现有研究成果，认为学术经历指正在或者曾经在高校任教、在科研机构任职或在协会从事研究的经历。具备学术经历的高管被称为学者型高管。

## 二、企业的财务行为

企业的财务活动主要围绕着资金运动展开。根据现有会计准则，企业财务行为主要包括经营行为、融资行为和投资行为。其中，经营行为主要指围绕着企业主营业务所开展的一切活动，包括采购、生产和销售等行为；筹资活动主要指企业的债务融资和股权融资；投资活动主要指企业的对外投资和对内投资。

由于财务行为所涉及的范围较广，难以全面且系统地进行研究。因此，本书以产品市场为研究视角，研究与产品市场相关的企业经营、投资和筹资行为。具体而言，本书研究的企业财务行为主要包括以下内容：

（1）在筹资行为方面，由于供应商和客户与企业之间由于商业往来而产生资金占用的行为，因此本书主要研究供应链上存在的商业信用融资等相关问题。

（2）在投资行为方面，由于企业创新影响着企业在产品市场的竞争力，因此本书主要研究企业创新行为。

（3）在经营行为方面，本书主要研究企业在供应链上的会计信息披露可比性问题。

需要说明的是，与产品市场相关的财务行为包括但不限于上述方面。考虑到高管学术经历与盈余管理、债务融资成本等均有相应的研究成果，本书仅选取现有研究尚未涉及的领域进行研究。

# 第四节　研究思路与研究内容

## 一、研究目标及内容

本书主要以"高阶梯队理论"（Hambrick and Mason，1984）、"社会资本理论"（Coleman，1988）、"资源依赖理论（Pfeffer and Salancik，2003）、"烙印理论"为理论基础，以产品市场为研究视角，对学者型高管对企业财务行为的影响进行研究。本书的研究试图回答以下问题：

（1）学者型高管是否增强了企业的专业化水平、知识储备等能力，进而对企业创新行为产生什么影响？

（2）学者型高管是否通过增强企业竞争力、声誉等，进而对企业商业信用融资产生什么影响？

（3）学者型高管增强了企业的产品竞争力，进而对企业在供应链上的信息披露质量产生什么影响？

通过回答研究问题，深入探讨学者型高管对企业在实体经营方面产生的影响。

## 二、研究框架

本书共六章：

第一章为绪论。主要论述了本书的选题背景、研究意义、研究目的、研究思路及方法。

第二章为文献回顾与研究述评。本章主要目的是系统、全面地梳理国内外与高管学术经历、独立董事学术经历、商业信用影响因素、会计信息可比性影响因素、企业创新影响因素等相关的重要文献，并对现有文献做出述评，分析现有研究成果的优势与不足。

第三章为学者型高管与企业投资行为。首先，从时间维度研究了学者型高管对企业创新行为的影响，具体包括创新投入、创新绩效及可能存在的中介效应。其次，对学者型高管促进企业创新绩效的动机、提高创新投资密度的影响机制进行检验。再次，从产品市场的视角，检验学者型高管能否增强企业在产品市场上的市场地位，进而提高议价能力。最后，从产权性质、高科技企业等维度，检验学者型高管对创新绩效影响的异质性。

第四章为学者型高管与企业融资行为。首先，检验了学者型高管对国有企业、非国有企业商业信用融资的影响。其次，检验学者型高管对国有企业、非国有企业商业信用融资的主要影响机制。

第五章为学者型高管与企业经营行为。首先，检验了学者型高管对会计信息可比性的影响，以及上述影响在客户集中度、产品市场竞争激烈程度不同的样本中存在的异质性。其次，检验学者型高管对会计信息可比性的影响机制。

第六章为结论、启示与研究展望。主要对全书的研究成果进行总结，强调本书的研究结论和意义，并指出本书的不足之处与局限性，以及对后续研究的展望。

研究框架如图 1-1 所示。

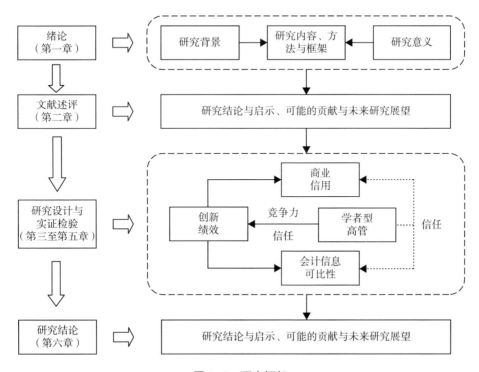

图 1-1　研究框架

## 三、研究方法

本书主要采取规范研究和实证研究相结合的方法。

（1）采用规范研究方法，对高管团队个人特征的相关理论研究文献成果进行梳理和总结，厘清高管学术经历与教育背景等个人特征的内涵及外延；系统总结高管团队个人特征与企业经营、投资行为的研究现状，从行为财务的视角提出学者型高管对公司产品竞争行为及其经济后果的影响机制。

（2）以我国沪深 A 股上市公司为样本进行实证分析，遵循 SCP 研究范式，采用 OLS 截面数据进行基本的回归分析，并采用 Heckman 两阶段、倾向的分配对（PSM）、滞后一期回归等方法控制内生性。对于研究过程中的异质性问题研究采用 Chow test、组间系数差异进行检验。

# 第五节　创新与贡献

本书的创新和贡献之处主要表现在以下几个方面：

第一，在研究内容方面。本书以"高阶梯队理论"（Hambrick and Mason，1984）、"社会资本理论"（Coleman，1988）、"资源依赖理论"（Pfeffer and Salancik，2003）、"烙印理论"为理论基础，实证检验了学者型高管对上市公司创新投资、商业信用融资和会计信息可比性的影响，丰富了高管学术经历与企业创新、商业信用和会计信息可比性的研究成果。

第二，在研究视角方面。本书主要从产品市场的视角进行研究，并对相应的机制进行检验。与以往高管学术经历的研究成果相比，本书首次从产品市场的视角进行研究，为学者型高管与实体经济之间研究提供经验证据。

第三，在研究结论方面。本书发现，学者型高管能够通过企业创新增强企业核心竞争力，通过企业声誉机制降低企业信息风险和代理风险，提高市场地位，从而能够获取更多商业信用融资，也避免担心专有性成本而降低会计信息质量。

# 第二章　文献回顾与研究述评

## 第一节　高管学术经历的述评

高管学术经历是近年的研究热点问题。现有研究主要针对高管学术经历的经济后果开展研究，在研究的过程中涉及高管学术经历理论基础、研究范式、假设推导、变量设定等方面。

### 一、高管学术经历的理论基础

高管学术经历的研究成果主要是以"高阶梯队理论"（Hambrick and Mason，1984）、"社会资本理论"（Coleman，1988）、"资源依赖理论"（Pfeffer and Salancik，2003）、"烙印理论"为理论基础。

资源依赖理论认为，组织依赖资源而生存和发展，包括组织外部与内部资源。早期利用资源依赖理论对组织内部进行研究主要聚焦在董事会层面，并逐渐关注到董事会资本。其中，董事会资本可以分为人力资本和社会资本，人力资本是指董事的知识、经验、技术等，社会资本指董事的社会关系。同时，资源依赖理论认为资源的重要性、稀缺性和可替代性是决定组织对资源依赖程度的主要因素。

高阶梯队理论主要认为，人存在有限的知识和注意力，难以全面了解并认识企业内外部的环境。同时，人都有着自己擅长的领域与偏好，会有选择性地将有限注意力分配至自己擅长或偏好的方面，产生对信息的有限关注。当面临着相同的内外部环境时，高管难以全面认识并解读内外部环境，对信息的理解存在差异，导致高管做出的决策不可避免地存在差异。可以看出，除了环境、政策等环境外，人的因素会影响企业所做出的决策，既包括年龄、性别、教育背景、职业背景、海外背景等浅层次的人口学特征，也包括以大五人格、核心自我评价等认知与价值观为代表的深层次人口学特征。此外，高阶梯队理论认为，观察高管团队特征比高管个人更为有效。因此，现有研究成果更侧重于高管团队特征的研究。高管学术经历属于浅层次的人口学特征，一方面能够间接体现高管团队所接受的教育水平，另一方面能够直接体现高管是否有受过严格的学术训练，并以此反映高管团队是否具有学术训练所应具备的个人特征的直接度量指标。

烙印理论起源于生物学，认为烙印产生于特定的敏感时期，即使后续环境发生重大变化，烙印也将产生持续的影响。与高阶梯队理论相比，烙印理论更加强调经历所塑造的个人特征。在后续的研究中，烙印理论广泛运用于企业家管理风格的研究领域（Marquis and Tilcsik，2013），部分学者也将烙印理论用于高管学术经历的理论基础（杜勇和周丽，2019；罗党论等，2022），认为学术训练属于后天禀赋，并且主要发生于特定的敏感时期。因此，科研禀赋能够影响学者的价值观和行为方式，进而影响企业的经营管理活动。

社会资本理论被定义为"个人拥有的社会结构资源"（Coleman，1988）。与经济资本相比，社会资本往往被认为是一种无形资产，是个人能力的一种外在表现形式。社会资本主要体现为个体在社会网络中所处的位置、扮演的角色以及相应的影响力，是人力资本发展的前提条件。社会资本分为内部社会资本和外部社会资本。其中，内部社会资本是从组织成员互动的视角看社会资本，包括组织成员之间所形成的内部社会互动模式与非正式网络（Nahapiet and Ghoshal，1998；Burt，1992）。因此，内部社会资本在组织管理的研究中被认为是一种特殊的组织能力与竞争优势资源（Nahapiet and Ghoshal，1998；Leana and Van Buren，1999）。而外部社会资本是组织内部与社会关系的体现，主要表现为组织能够从外部获取资源的质量与数量。从社会资本理论的角度看，高管学术经历属于企业的社会资本，发挥内部社会资本和外部社会资本的作用。具体而言，学者型高管在企业内部具有较强的影响力，能够将专业知识和学术训练所形成的价值观传播至企业内部，影响企业内部成员的价值观、互动方式等，这体现了高管学术经历发挥的内部社会资本。同时，学者型高管能够增强企业的声誉，并且能够利用学者型高管所具有的人脉资源为企业创造价值，发挥外部社会资本的作用。

综上所述，资源依赖理论是高管学术经历理论基础的框架，高阶梯队理论和烙印理论主要从资源依赖理论中的人力资本视角为高管学术经历提供解释，而社会资本理论主要从社会资本的视角对学者型高管在组织内外部关系产生的影响进行解释。

从研究方法的视角看，高管团队的研究成果主要是以"结构—行为—绩效"相结合的SCP研究模式为主，即考虑高管团队个人特征所形成的价值观、方法论等结构对公司行为所产生的影响，进而会产生什么样的经济后果，旨在构建因果分析链条，对高管团队的"人口学背景黑箱"进行探索。高管学术经历属于高管团队的浅层人口学背景，与同属"浅层人口学背景"的高管教育背景（学历）存在一定程度的异同，两者均采用高管团队的浅层人口学背景研究方法。

从机制检验的视角来看，高管学术经历既能够发挥内部资本作用，包括增强企业的核心竞争力、发挥公司治理作用等，也能够发挥外部资本作用，通过增强企业声誉和社会网络等方式发挥相应的作用。这是高管学术经历发挥作用理论假设推导的基础，也为高管学术经历的机制检验提供了相应的研究切入点。

## 二、学术经历对高管特征的影响

现有研究成果认为学术经历塑造了学者型高管特殊的个人特征。具体而言，学术经历主要通过以下三种途径塑造了学者型高管的个人特征：

第一，学者型高管具有突出的专业能力。拥有学术背景的高管往往在特定领域具有较强的专业知识（朱丽等，2017），习惯于使用客观数据和事实进行专业判断（Francis et al.，2015），审慎、保守并具有较高的风险意识（周楷唐等，2017）。因此，学者型高管为企业提供了强大的知识储备。同时，学者型高管在我国拥有较强的声望，具有一定的影响力，在高管团队或董事会中具有专家型的权力（唐清泉，2017），能够有效地推动高层较快地达成一致意见，在企业内发挥着"内黏式"的作用（陈春花等，2018）。

第二，学者型高管具有强烈的社会责任与道德意识。社会大众对大学教师的道德和诚信水平给予很高的评价，并认为大学教师具有牺牲和奉献精神（Elias and Baumgarten，1982），扮演着道德模范角色。而我国学术工作者受传统儒家思想的影响，道德责任感更强（Francis et al.，2015）。因此，学为人师、行为世范的道德角色定位使其具有更强的社会责任感和道德自觉（姜付秀等，2019）。

第三，学者型高管具有较强的自律精神。学术训练让科研人员具有锲而不舍的意志力和严于律己的执行力，并逐渐形成一种内在的自我约束机制（Cho et al，2015）。同时，科研人员具有较高的声望（边燕杰和李煜，2001），到企业任职受社会各界的广泛关注（Bernile et al.，2016；周楷唐等，2017；黄灿等，2019），促进科研人员形成内在的自我监督与约束机制。

## 三、高管学术经历的度量方式

高管学术经历的度量方式的界定主要涉及高管团队和变量赋值的两个过程。

第一，关于高管团队的界定，理论上认为企业高管指公司管理层中担任重要职务、负责公司经营管理、掌握公司重要信息的人员，而实践中认为只要行使了高管的职权，即使不符合理论上高管的界定，也应当认定为高管。可以看出，实践中遵循的是实质重于形式的基本原则。受此影响，现有研究成果尚未存在统一的界定方式。目前，比较常见的高管团队的界定方式包括：①以《中华人民共和国公司法》（以下简称《公司法》）中对高管团队成员的界定为准，认为高管是指企业的总经理、副总经理、财务负责人、董事会秘书及公司章程中规定的其他人员，如首席执行官、首席法务官等（Bamber et al., 2010；周楷唐等，2017）。②由于我国存在着较为严重的两职合一，存在着董事参与公司经营活动的现象。也有部分学者在《公司法》的基础上，将董事（不含独立董事）也认定为高管团队的成员。③还有部分研究成果根据研究对象，选取特定范围的高管。此外，还有部分文献并为说明高管团队的界定方法。

第二，关于高管团队学术经历的变量赋值主要包括：①设置虚拟变量，当高管团队中存在学者型高管时，赋值为1，否则为0；②以学者型高管占高管团队总人数的比例作为度量方式。两种度量方式各有利弊，第一种度量方式关注是否存在学者型高管而忽略了数量上的差异，第二种度量方式考虑了数量上的差异产生的影响，但潜在的假定学者型高管占比与相应的经济后果呈现出较强的线性关系，未考虑学者型高管产生的经济后果可能存在的边际效用递减效应。现有研究一般同时采用上述两种度量方式，以保证研究结论的稳健性。此外，为了控制可能存在的内生性，现有研究成果一般选择同行业内平均学者型高管占高管团队总人数的比例（周楷唐等，2017）、同地本科院校密度（沈华玉等，2018）作为工具变量进行两阶段回归。

## 四、高管学术经历的经济后果

第一，高管学术经历与企业投资行为。这部分的研究成果主要集中在企业创新行为方面。具体而言，现有研究主要认为学者型高管对创新的影响主要有以下几种途径：①学者型高管具备某个领域的专业知识，熟悉或掌握前沿的技术，能够指引企业创新方向，为企业的经营活动提供了良好的知识储备（陈春花等，2018；黄灿等，2019）。②学者型高管具备较强的创新思维。这种创新思维来源于学术训练，能够让学者型高管具备创造性的思维方式（唐清泉，2002；陈春花等，2018）。③学者型高管具有一定的声望，能够对内传递信息，企业内部更确信创新投入更大概率有良好的前景，从而提高相应的创新投入（陈春花等，2018）。④学者型高管具有一定的声望，能够向企业外部传递良好的信号，从而缓解企业内外部的信息不对称，进而提高企业的创新意愿。可以从研究成果侧面验证信息不对称与企业创新之间的关系，如卖空机制能够降低信息不对称进而促进企业的创新意愿（权小锋和尹洪英，2017；陈怡欣等，2018；郝项超等，2018）；风险投资基金入股具有信号传递作用，能够降低信息不对称程度，促进企业创新（陈思等，2017）。在此基础上进行的实证检验发现，高管学术经历有助于促进企业的研发投入（陈春花等，2018；何旭和马如飞，2020；郭玉冰等，2021），提高创新效率（苑泽明等，2020），实现更高的创新绩效（刘金山和刘亚攀，2017；陈春花等，2018）。但现有研究成果也存在分歧，比如，赵姗姗等（2019）研究发现，高管学术经历能够提高发明的申请数量，降低了实用新型和外观设计的申请数量，认为高管学术经历能够提高创新绩效的质量并降低对创新绩效数量的追求；汤莉和余银芳（2021）研究发现，高管学术经历既能提高发明的申请数量，也能够提高实用新型和外观设计的申请数量，认为高管学术经历能够实现企业的双元创新。

考虑到企业的资源相对有限，企业创新行为与金融化一般情况下难以兼顾。因此，部分学者对学者型高管与企业金融化进行了研究，认为科研禀赋塑造了学者型高管的价值观，不会将资源投入金融或者房地产行业获取短期内的超额利润（杜勇和周丽，2019），而是更加审慎地做出有利于企业长期发展的战略决策（罗党论等，2022），将资源投入企业的主营业务，对企业的金融化产生挤出效应，更加侧重于发展实体经济。实证研究结果验证了上述观点，证明高管学术经历能够有效抑制企业金融化，专注于实业（杜勇和周丽，2019；罗党论等，2022）。进一步研究发现，高管学术经历促进了企业脱虚向实的作用，在非国有企业和竞争程度较高的地区更为明显。相应的机制检验发现，学者型高管抑制企业金融化的渠道主要是降低持有投机性金融资产，加大创新活动投入（罗党论等，2022）。

第二，高管学术经历与企业经营行为。现有研究发现，高管学术经历还有助于企业降低成本黏性（赵欣和杨世忠，2021）、抑制高管在职消费（张晓亮等，2020）和企业税收规避（文雯等，2019）。其中，学者型高管降低成本黏性主要原因是学者型高管具备专业知识和严谨、审慎的思维方式，能够相对准确地分析企业内外部的经营环境，避免乐观预期对企业成本黏性的负面影响。同时，学者型高管的强烈道德观念与声誉约束，能够缓解第一类代理问题，进而降低企业成本黏性。学者型CEO抑制高管在职消费，主要原因是学者型高管能够发挥内部治理的作用，并且在董事会独立性较低、外部审计监督较弱和市场竞争程度较低等企业外部治理环境较差的情况下，能够发挥更显著的作用（张晓亮等，2020）。学者型CEO能够抑制企业避税行为，主要原因是学者型CEO受自身自律意识和道德责任感的约束，而企业避税行为的高声誉成本和稽查风险也会降低学者型CEO实施避税行为的意愿和动机。

第三，高管学术经历与企业筹资行为。现有研究发现，高管学术经历对外传递了声誉等良好的信号，能够提高企业银行信贷融资能力，降低企业债务融资成本（周楷唐等，2017），缓解了企业的融资约束，提高外源融资带来的现金流入。相应的机制检验发现，高管的学术经历能够提高会计稳健性，降低盈余管理程度，抑制研发操纵，降低了企业信息风险。高管学术经历在非国有企业、机构投资者持股比例比较低、分析师跟踪人数比较少、小型事务所审计的样本中才能发挥相应的作用或者发挥的作用更加明显，说明高管学术经历能够降低代理风险。同时，考虑到学者型高管有利于缓解过度投资和在职消费，减少了内部资金的过度流出。此外，学者型高管倾向于选择更加稳健的财务政策。因此，学者型高管能够提高企业的现金持有水平（秦翡，2019），进而提高企业分红水平，缓解了我国半强制分红无法彻底有效地解决上市公司的"铁公鸡"问题（王德建和冯兰时，2021）。

第四，高管学术经历与企业外部利益相关者。有关高管学术经历与审计方面的研究发现，高管学术经历能够提高公司会计信息质量、内部治理水平和内部控制质量，缓解企业的信息风险和代理风险，进而降低审计费用（沈华玉等，2018）。此外，还有研究发现，高管学术经历促进企业履行社会责任，如参与精准扶贫项目（何康等，2022）和利他倾向的慈善捐赠（姜付秀等，2019），提高了企业社会责任的履行水平，帮助企业获得更高的社会评级（Cho et al.，2015）。

第五，独立董事学术经历的研究成果发现，独立董事学术经历能够增加企业研发投入（沈艺峰等，2016；章永奎等，2019），提高专利数量和引用率（Francis et al.，2015），获得知识外溢而产生的竞争优势（Audretsch et al.，2006），提高企业业绩（Francis et al.，2015）与企业价值（赵昌文等，2008）。同时，独立董事学术经历有助于降低公司利润操纵水平和 CEO 薪酬（Francis et al.，2015），提高财务报告的价值相关性（Huang et al.，2016），发挥内部治理作用。可以看出，独立董事学术经历的研究结论与高管学术经历基本一致。

# 第二节　商业信用的研究述评

## 一、商业信用的度量方式

商业信用指企业在商品交易中由于延期付款或预收货款所形成的企业间的借贷关系。商业信用一般产生于供应链上下游的商品交易之中，对于供应链上游（卖方）而言，向客户提供的商业信用被称为商业信用供给；对于供应链下游（买方）而言，从供应商获取的商业信用被称为商业信用融资。

从财务会计的视角看，商业信用供给增加了财务报表中应收账款、应收票据；商业信用融资增加了财务报表中的应付账款、应付票据。此外，部分供应商具有相对较强的市场地位，在产品市场上相对强势，反而可能要求客户在商品交易中提前付款，则增加了财务报表中的预收账款；与此相对应的是，客户财务报表上的预付账款会增加。因此，现有研究对商业信用的界定和度量方式主要包括：①将商业信用供给定义为向客户提供的净商业信用（应收账款＋应收票据－预收账款），商业信用融资定义为从供应商获取的净商业信用（应付账款＋应付票据－预付账款）。②将商业信用供给定义为向客户提供的应收账款和应收票据，商业信用融资定义为从供应商获得的应付账款和应付票据，这主要是考虑到我国还处于买方市场，预收账款和预付账款所占的比重相对较小。③用应收账款代表商业信用供给，用应付账款代表商业信用融资，这可能是考虑到我国的票据结算比重明显小于信用，并且由于票据存在着背书转让和贴现等情况，财会在财务报表中有票据的存量信息。在上述三种界定方式下，将特定企业的商业信用融资与商业信用供给之差界定为特定企业的净商业信用，用以反映该企业在供应链上下游的交易中所能够获得的商业信用净额。

对比上述三种商业信用的界定方式可以发现,商业信用界定的口径存在一定的差异。由于预收账款和预付账款在我国商业往来中占比较少,对商业信用的研究影响相对较小,并延伸出新的研究主题。然而,现有研究成果认为,应收账款和应付账款是基于企业之间的信任而产生的资金使用权的占用,应收票据和应付票据是交易的企业双方、银行或第三方企业之间的资金使用权的占用,本质上是交易的企业双方缺乏信任,需要引入第三方承兑的一种制度安排,必然会导致更高的资金占用成本。吴世农等(2019)研究发现,对比应付账款,应付票据的债务融资成本越高,则对于应收票据而言,应收账款的债务融资成本越高。因此,也有部分研究针对应收账款(应付账款)与应收票据(应付票据)的区别开展研究,并将两者的区别界定为商业信用模式。

从研究变量设定的视角看,一般在选择上述界定方式的基础上,对商业信用融资、商业信用供给、商业信用模式进行标准化处理,避免由于不同的企业规模对研究结论产生的影响。具体的标准化处理方式主要包括两种:第一,采用年末总资产的金额对商业信用融资、商业信用供给和商业信用模式进行标准化处理;第二,采用当年度营业收入的金额对商业信用融资、商业信用和商业信用模式供给进行标准化处理。

## 二、商业信用的动机

现有研究发现,供应商向客户提供商业信用主要是因为融资性动机和经营性动机。

### (一)商业信用的融资性动机

现有研究认为,我国金融市场存在着信贷歧视现象,尤其是我国的非国有企业面临着一定程度的信贷歧视,获取银行贷款的难度相对较高(刘仁伍和盛文军,2011)。在这种情况下,商业信用成为银行信贷的替代性资金来源(Nilsen,2002),即当银行信贷供给不足,或企业无法获取银行信贷融资时,企业能够通过获取商业信用来缓解融资约束问题(Cull et al.,2009;王彦超和林斌,2008)。之所以产生这种现象,主要是因为银行与企业之间存在着信息不对称,银行更倾向于将信贷资源配置给风险相对较小的企业。现有研究成果也验证了这个观点,如董红晔和李小荣(2014)研究发现,两权分离程度越高,企业面临的代理问题越严重,能获取更少的银行信贷和更多的商业信用，而银行信贷与商业信用之间的替代关系越明显。因此，易于从金融企业获得银行信贷的企业，将银行信贷通过商业信用的形式分配给难以获得正规信用的企业（Meltzer，1960；Coricelli and Fabrizio，1996；Petersen，1997；Nilsen，2002），在供应链上承担银行信贷的二次分配功能（刘仁伍和盛文军，2011；王彦超，2014）。相较于银行，供应商与客户之间的信息不对称程度相对较低，学者们将供应商所具有的优势称为融资比较优势，并认为供应商能够获取更多的信息，降低获取信息的成本（Brennan et al.，1988）。同时，供应商能够在产品市场上形成对客户的威胁，如通过切断原材料的供应，实施应收账款、催账威胁等（Cunat，2007），并且在客户出现财务未及时回款时，能够通过索回原材料的方式进行财产挽回（Mian et al.，1992）。银行等金融机构并不具备上述优势，因此学术界将供应商因具备融资比较优势而愿意提供商业信用供给的动机称为融资性动机。

**（二）商业信用的经营性动机**

商业信用的经营性动机指供应商为了提高经营业绩，向客户提供商业信用的供给。具体而言，经营性动机主要包括以下几点：

（1）为了避免客户的逆向选择，供应商通过提供商业信用向客户传递产品质量担保信息（Long et al.，1993；Deloof et al.，1996；江伟等，2021）。

（2）在产品市场面临着激烈的竞争，供应商有动机通过提供商业信用进行客户关系管理，锁住客户，提高客户忠诚度并维持市场份额（Fisman and Raturi，2004；Mcmillan and Woodruff，1999），而且我国供应商商业信用供给水平受到同行业其他公司的显著影响，即企业会跟随竞争对手的商业信用政策而提供更多的商业信用，这种现象被称为同伴效应（洪金明等，2021）。

（3）给客户提供商业信用相当于免费提供资金的使用权，降低客户的资金使用成本，本质上属于给予客户的降价补贴，刺激客户的购买意愿（Brennan et al.，1988；Mian et al.，1992）。

### 三、商业信用融资的影响因素

商业信用的影响因素众多，包括宏观因素、产业因素和企业因素等。由于本书是基于产品市场的视角，研究学者型高管对企业财务行为的影响。因此，后续主要从高管个人特征和产品市场两个维度对直接或间接影响商业信用的因素进行述评。

### （一）高管个人特征与商业信用

从信任的视角看，信任是商业信用供给的基础与前提。根据信任的建立基础，可以将信任划分为基于信誉的信任、基于制度的信任和基于个性特征的信任（张勇，2013）。其中，基于高管个人特征属于基于个性特征的信任，容易观察且易于进行针对性研究。然而，基于信誉的信任和基于制度的信任一般是针对企业层面而言，但考虑到企业信誉的形成与维持、制度制定与执行过程中，均不可避免地存在高管团队的影响，体现了高管的价值观等个人特征，并且这种影响的过程难以单独观察。因此，本章同时针对企业声誉、制度与商业信用的关系进行述评。

1. 基于信誉的信任与商业信用

现有研究认为，在不完全信息的情况下，良好的形象是企业重要的无形资产（Kreps，1982；Tadelis，1999）。实证检验结果表明，企业声誉受损对应付账款和预收账款会产生负面影响，并且在竞争激烈的市场中更显著（郑超愚等，2018）。同时，诚信纳税可以看成是我国国家税务机关对企业的权威鉴定，能够对外传递良好的企业形象，让外部的利益相关者确信企业的其他行为会遵循诚信的原则，反映企业整体的诚信状况。因此，诚信纳税的企业更容易获取外部的信任与支持，能够获得更多的商业信用融资，在竞争激烈的产品市场中更为显著（耿艳丽等，2021；张勇，2021）。此外，企业主动对外宣传企业诚信形象或者媒体等外部组织对企业诚信形象的报道也会产生积极影响。翟胜宝等（2015）从公司官网、年度报告、内部控制自评报告和媒体报道等维度，通过语义识别的方式对企业的诚信形象进行衡量，研究企业的诚信文化对商业信用的影响，实证检验发现，"诚信"导向的企业文化有助于获取更多的商业信用，并且仅在法律环境较差的地区、依赖非正式金融融资的企业发挥积极作用，说明作为非正式制度的企业诚信文化能够发挥正式制度的替代作用。这说明企业信誉作为基于企业间长期交往和博弈基础上形成的信任影响着企业商业信用融资能力。

2. 基于制度的信任与商业信用

现有研究认为，企业的内部控制制度是企业内部经济活动的运行规则与免疫机制。有效的内部控制是企业战略和经营取得成功的有效保障。徐虹等（2013）、郑军等（2013）研究发现，企业内部控制有效性越强，会计稳健性越高，降低企业与供应商之间的信息不对称程度，并且能够降低企业的代理问题。因此，有效的内部控制有助于企业与供应商之间形成信任关系，进而获取规模更大、成本更低的商业信用。李闻一和潘珺（2021）认为，财务共享中心能够梳理标准化流程，简化反馈渠道，协调内部控制机制，增强内部控制的有效性，进而提高企业的商业信用融资规模。财务共享中心对内部控制质量较低企业的商业信用融资的促进作用更为显著。这也验证了基于制度的信任对商业信用融资的积极影响。除会计稳健性外，其他的企业会计信息质量特征也对企业的商业信用融资有着积极的作用（许致维等，2017）。现有研究发现，表外负债披露能够显著提高会计信息质量，进而让企业获得更多的商业信用融资（陈红等，2014）；会计信息可比性水平越高，企业的商业信用融资水平越高（张勇，2017）。修宗峰等（2021）、修宗峰和刘然（2022）研究发现，财务重述对企业商业信用融资有负面影响，这种影响在财务舞弊的企业中更为显著，但内部控制能够缓解财务舞弊对商业信用融资的负面影响。钱爱民和朱大鹏（2017）的研究也取得一致的结论。总而言之，反映企业制度设计水平的内部控制和会计信息质量能够对企业的商业信用融资能力产生积极影响，说明基于企业内部制度的信任影响着企业商业信用融资能力。

3. 基于个性特征的信任与商业信用

现有研究认为，管理者的异质性会对公司的经营管理结果产生影响。有关高管个人特征与商业信用的研究发现，企业商业信用中存在着管理者效应，即企业的管理者能力越强，企业越能够获取更多的商业信用，尤其当CEO拥有财务经历时，企业能够获得更多的商业信用（何威风和刘巍，2018）。同时，CEO的良好声誉有助于企业获得更多的商业信用融资（李辰颖和刘红霞，2013）。此外，针对我国企业高管的红顶商人身份进行的研究发现，高管的红顶商人身份属于企业的社会资本，能够借助于自身的关系网络、声誉影响等发挥企业与政府、市场和社会的桥梁纽带作用，降低企业与外部的信息不对称程度和信息搜索和传递成本，有助于企业获取更多的商业信用（罗劲博，2016）。高管的红顶商人身份对商业信用的积极影响在民营企业、激烈的产品竞争市场和金融危机中更为显著。以上的研究成果说明，基于高管或企业家个人特征的信任会影响企业商业信用融资能力。

**（二）产品市场和商业信用**

从产品市场的视角研究商业信用主要是从供应链上的企业相对强势与弱势对企业商业信用的影响，即现有研究认为供应链相对议价能力和供应链关系是影响商业信用规模与模式的重要因素。综观现有研究成果，学者们主要选取波特五力分析模型中的可量化因素，研究特定因素对商业信用的影响，主要包括市场地位、产品竞争强度、供应商集中度、客户集中度等。因此，本章主要从上述几个因素进行文献述评。

1. 市场地位与商业信用

现有研究发现，商业信用都会向市场地位高的企业集中（Wilson et al.，2002；Fisman and Raturi，2004；Fabbri et al.，2008；张新民等，2012；刘欢等，2015；吴世农等，2019）。具体而言，在供应链上游，市场地位较高的企业能够通过实施诸如更换供应商等威胁手段，要求供应商向其提供更多的商业信用融资。这种情况下，即使供应商面临着融资约束，也会为市场地位较高的客户提供商业信用融资。因此，学者将这种现象称为"买方市场"假说。同时，在供应链下游，市场地位较高的企业即使不向客户提供商业信用供给，也不担心客户的流失。因此，市场地位高的企业将占用供应链上下游的商业信用。但也存在着不同的观点，如吴育辉等（2017）认为，企业有维护和整理供应链上下游良好的合作关系的需求，当企业具备一定的财务实力时，其愿意向供应链上下游提供商业信用支持。而实证检验结果证明，当企业在产品市场竞争优势越大，对上下游企业的商业信用支持力度越大。虽然吴育辉等（2017）并未直接研究市场地位对商业信用的影响，但企业在产品市场上的竞争优势能够反映企业在产品市场上的相对地位，其研究结论具有一定的参考性。

2. 行业竞争与商业信用

商业信用的经营性动机认为，商业信用是企业的竞争手段之一，学者对行业竞争程度或产品市场竞争程度与商业信用之间的关系进行了研究，发现行业竞争越激烈，而为了获取竞争优势，争夺客户资源，企业愿意提供给客户更多的商业信用（方明月，2014；张会丽和王开颜，2019）。学者将这种现象称为"竞争力"假说。同时，行业竞争激烈也会影响企业从供应商获得的商业信用融资，方明月（2014）研究发现，行业竞争激烈程度与供应商提供的商业信用融资呈负相关关系。当企业面临松的财务约束时，市场竞争程度越强，企业提供给下游客户的应收账款比例越高，但企业从供应商那里获得的应付账款比例不受影响；当企业面临紧的财务约束时，市场竞争程度越强，企业的应付账款比例越低，但企业的应收账款比例不受影响。这表明行业竞争程度对企业商业信用的影响方向是相反的，并且是非对称性的。此外，相关研究发现行业竞争会调节其他因素对商业信用的影响，如王瑶和支晓强（2021）研究发现，超额商誉对商业信用融资的负面影响在竞争激烈的行业中更加显著；江伟等（2021）发现，客户集中度对商业信用的正向影响在竞争激烈的行业中有所增强。

3. 供应链集中度与商业信用

供应链集中度包括供应商集中度和客户集中度两个方面。现有研究认为，供应商、客户的分散程度会影响供应链上的议价能力和合作关系（方红星等，2017）。相关的研究发现，供应商集中度越高，企业获取的供应商提供的商业信用融资越少，融资期限越短（郑军等，2013；李任斯和刘红霞，2016；马黎珺等，2016）。供应商集中度对商业信用融资的研究结论相对一致，而客户集中度对商业信用供给的研究结论相对多元化。有关客户集中度对商业信用供给的研究发现，客户集中度越高，企业提供给客户的商业信用政策越宽松，即应收账款的金额更多、期限更长（江伟等，2021），这与"买方市场"假说的研究结论相一致。与此相反，吴娜和于博（2017）研究发现，客户集中度的提高会激励买方体恤供应商，降低商业信用侵占，并将此现象称为"体恤效应"。此外，还存在介于两者之间的研究结论，章铁生和李媛媛（2019）研究发现，客户集中度与商业信用供给是倒"U"型关系，即随着客户集中度的提高，客户先表现出对供应商的体恤，但当客户集中度增长到一定程度，就会转变为买方市场。由此可见，供应链集中度会对商业信用产生一定程度的直接影响。还有一些研究发现，供应链集中度对商业信用的间接影响，如财务舞弊对商业信用之间的负面影响仅在供应商和客户集中度较高的企业中存在（修宗峰等，2021）。

# 第三节 会计信息可比性的研究述评

## 一、会计信息可比性的度量方式

会计信息可比性的度量方式大致可以分为基于会计准则及方法的计量方式、基于会计系统产出结果的计量方式和基于会计信息生存过程的计量方式（鲁威朝，2019）。

第一，基于会计准则及方法的计量方式产生于国际会计准则的研究，主要可用于研究跨地区之间的会计信息可比性，不能反映公司层面的会计信息可比性，因此使用的频率有限，在此不再赘述。

第二，基于会计系统产出结果的计量方式是在基于会计准则计量方式的基础上提出的。这种方法认为，会计准则的趋同必将导致会计信息是相近的，诸如盈余质量等会计信息质量的核心指标能够反映会计信息的差异化程度。但这种方法只适用于跨地区之间的会计信息可比性的研究。因此，早期直接研究的成果相对比较缺乏，其原因主要是公司层面可比性测度困难（袁知柱和吴粒，2012）。

第三，基于会计信息生成过程的计量方式则有效地弥补了上述两个计量方法的缺点，实现了在公司层面之间的会计信息可比性的度量。具体而言，De Franco 等（2011）根据 FASB 的观点"可比性使信息使用者能够比较两类经济现象之间的异同"，将可比性定义为会计系统使经济业务转化为会计信息的功能的相似性（陈翔宇等，2015），通过同行业内配对公司之间的盈余变化同步性反映会计信息可比性。这种度量方式直接解决了公司层面的会计信息可比性的测度问题，并减少了用应计利润差异程度衡量可比性时因遗漏变量问题导致的度量偏差（周晓苏等，2017）。但该方法本身也存在一些局限性，比如以股票回报率作为代理变量存在较多的噪声，可能会让研究结果失真；会计盈余并不能全面反映企业会计信息等。因此，在估算出公司间的会计信息可比性之后，一般选取同行业内会计信息可比性的均值、中位数或者前几大可比公司的可比性指标均值进行赋值。但不可否认的是，De Franco 等（2011）提出的度量方法解决了公司层面会计信息可比性研究的技术难题，为后续的研究奠定了基础。

## 二、会计信息可比性的影响因素

在 De Franco 等（2011）后，对公司层面会计信息可比性的直接研究逐渐丰富，不过有关会计信息可比性影响因素的研究相对较少。由于本书是基于产品市场的视角，研究学者型高管对企业财务行为的影响。因此，后续主要从高管个人特征和产品市场两个维度，对会计信息可比性的影响因素进行述评。

### （一）高管个人特征与会计信息可比性

现有研究认为，会计准则等制度因素有助于提高公司间的会计信息可比性（Barth et al.，2012），但受管理层执行准则的动机和程度的影响（Cascino and Gassen，2010，2015）。张霁若（2017）认为，前后任 CEO 的会计报告动机可能会发生变化，并且在会计处理过程中作出的会计职业判断可能不一致，最终将企业会计信息可比性降低。实证检验结果证实了上述观点，尤其是 CEO 为外部继任者时，CEO 变更对会计信息可比性的影响更为明显。张晓和肖志超（2018）研究发现，过度自信的管理层有动机改善企业的信息环境，对外传递乐观信息以获得外界的高度评价，以弥补高管过度自信可能产生的负面影响，最终提高了会计信息可比性。而周晓苏等（2017）则从组织间模仿的视角考察了企业高管联结对会计信息可比性的影响，发现高管联结的企业存在模仿行为，在选择会计政策、确认应计及盈余结构等方面更加相似，提高了联结企业之间的会计信息可比性。

**（二）产品市场与会计信息可比性**

部分学者从产品市场的视角对会计信息可比性进行研究，发现供应商和客户的集中度越高（方红星等，2017；周冬华和梁晓琴，2018；张永杰和潘临，2018），企业的会计信息可比性越低。这主要是因为企业面临着较高的信息披露的专有性成本，有目的性地选择信息披露有助于避免大客户的"敲竹杠"风险（张文杰和潘临，2018），并与大客户维持现有的关系（周冬华和梁晓琴，2018）。但方红星等（2017）研究发现，另外一种影响机制，即企业可能与主要的客户和供应商形成了良好的合作关系，通过私下信息沟通传递财务会计信息，降低了会计信息可比性。此外，袁知柱等（2017）研究发现，产品市场竞争激烈对会计信息可比性产生负面影响，并识别了专有性成本效应、盈余压力效应和公司治理效应。其中，盈余压力效应指管理层通过盈余管理提高会计利润，并通过降低会计信息可比性的方式，降低盈余管理行为被发现的可能性，这从侧面说明了高管团队行为对会计信息可比性的影响。

**（三）其他利益相关者与会计信息可比性**

其他利益相关者的个人特征及其行为也会对会计信息可比性产生影响。现有研究主要从会计师事务所审计、机构投资者两个视角进行研究。

1. 在会计师事务所审计的研究方面

现有研究发现，审计师的变更会降低会计信息可比性，但随着任期的增长会增加会计信息可比性，这被称为"可比性回转效应"（谢盛纹和杨晖，2016）；审计师的行业专长、执业经验也有助于提高会计信息可比性（谢盛纹和王清，2016；刘杨晖，2018；潘临等，2019）；被审计对象越重要，会计师事务所对客户依赖程度越强，可能会弱化会计师事务所的独立性，有损会计信息可比性（谢盛纹等，2017）；事务所的合并有助于提高会计信息可比性（曹强等，2016；杨金凤等，2017；叶飞腾等，2017）。可以发现，会计师事务所和审计师的行为对会计信息可比性具有显著影响。

2. 在机构投资者的研究方面

现有研究发现，交易性的机构投资者显著提高了会计信息的可比性（孙光国和杨金凤，2016）；投资者实地调研能够显著提高会计信息可比性，并且随着实地调研频率、深度和广度的提高而提高（张勇，2018）。

# 第四节　企业创新的研究述评

## 一、企业创新的度量方式

企业创新指企业为了在竞争中占据优势地位，通过引入新产品、采用新生产方法、开辟新市场、获得原料的新来源、实行新的企业组织形式而获得超额利润的行为。从财务的角度看，企业创新行为属于企业投资活动，一般需要长期性投入资源，而产出具有一定的滞后性。因此，企业创新行为既是结果导向，也是过程导向。

第一，企业创新过程主要指创新投入的资源，经典的代理变量为企业研发投入，具体衡量方式是企业研发投入金额占总资产或营业收入的比重，企业研发投入也称为研发投资密度。同时，也有部分学者将研发人员数量作为创新过程的替代指标。

第二，企业创新结果主要指创新所取得的成果，经典的代理变量为企业创新绩效，一般采用专利作为替代衡量指标。采用专利作为衡量指标主要是因为专利在时间上更接近于所进行的研发项目（Czarnitzki and Licht，2006）。此外，专利是受国家的认可与保护的专有技术（Chemmanur et al.，2014），专利申请成本具有创新甄别效应（胡凯和吴清，2018）。因此，专利是一个相当适合的衡量企业创新绩效的指标（Cloodt et al.，2006；易靖韬等，2015；胡元木和纪端，2017）。

然而，对专利进行赋值主要采用专利申请数量和专利授权的数量。考虑企业获得专利授权相对于企业的创新行为来说存在时间上的滞后（陈钦源等，

2017；张劲帆等，2017），并且滞后期存在一定的差异。同时，专利授权还需缴纳检测费和缴纳年费，存在更多的不确定性和不稳定性（周煊等，2012），且容易受官僚因素的影响（Tan et al.，2014）。因此，现有研究更多采用专利申请数量作为创新绩效的度量方式，但也存在部分研究采用专利授权数量作为创新绩效的度量方式。

同时，考虑到专利申请包括发明、实用新型和外观设计三大方面，其中发明的含金量最高，实用新型次之，外观设计含金量最小。黎文婧和郑曼妮（2016）认为，发明更能够反映企业创新的质量，将其称为实质性创新，并将实用新型和外观设计称为策略性创新。也有学者将企业创新分为探索式创新和开发式创新，将两者统称为企业的双元创新（钟昌标等，2014；吴翌琳和黄实磊，2021；汤莉和余银芳，2021）。但具体的度量方式存在差异，吴翌琳和黄实磊（2021）将企业费用化的研发投入作为探索式创新的衡量指标，而将资本化的研发投入作为开发式创新的衡量指标。钟昌标等（2014）、汤莉和余银芳（2021）将专利申请数量、实用新型和外观设计申请数量分别作为探索性创新和开发式创新的度量指标。

## 二、企业创新的影响因素

由于本书是基于产品市场的视角，研究学者型高管对企业财务行为的影响。因此，后续主要从高管个人特征、高管早期经历和产品市场等维度，对企业创新的影响因素进行述评。

### （一）高管个人特征与企业创新

创新具有投入长期性和产出滞后性等特点，属于较高风险的投资支出。因此，影响高管风险偏好的个人特征必然对企业创新决策有影响。现有研究成果主要从高管性别、年龄等为研究切入点，研究高管个人特征对企业创新的影响。

#### 1. 高管性别与企业

关于高管性别对企业创新的影响，存在着不同的观点与研究结论。一方面，部分研究认为男性更具有冒险精神，具有更强的风险偏好，而女性则更加稳健、保守和谨慎，更倾向于风险规避。王清和周泽将（2015）研究发现，女性高管抑制了企业研发投入。熊艾伦等（2018）研究发现，女性做出创新决策的可能性低于男性。另一方面，部分研究认为女性具有敏锐、擅长情感表达等独特的性格特征，能够提供创新性视角和解决问题的新方法。高管中女性比例的提高，有助于企业提出创新战略，提高企业创新投入（曾萍和邬绮虹，2012；刘婷和杨琦芳，2019）。

2. 高管年龄与企业创新

现有研究认为，高管年龄越小，越具有较强的风险承担能力，投资决策风格越激进。因此，相对年轻的高管更倾向于增加研发投入；而相对年长的高管更具有经验，但可能受经验主义影响而过于顾忌风险。此外，考虑到高管团队年龄可能相对集中或者分散，部分学者对高管团队年龄异质性对企业创新的影响进行研究，发现高管年龄异质性与企业创新效率之间存在着倒"U"型关系，即年龄过于集中不利于企业创新，相对分散的年龄结构有助于提高企业创新效率（韩庆潇等，2017）。

**（二）高管早期经历与企业创新**

现有研究成果主要以学术背景、技术背景、从军经历、政治背景、职业背景和海外经历等为研究切入点，研究高管个人特征对企业创新的影响。

1. 高管学术经历与企业创新

现有研究认为，高管学术经历能够对内发挥企业"内黏式"内部社会资本，增强企业的专业知识储备，提供专业的技术指导（陈春花等，2018）；对外发挥信息传递作用，降低企业内外部信息不对称程度，缓解企业内外部信息不对称对企业创新的负面影响（黄灿等，2019）。现有研究发现，高管学术经历能够提高企业创新投入，并最终转化为企业创新绩效。[①]

2. 高管技术背景与企业创新

现有研究认为，具有技术背景的高管凭借着技术专长，能够缓解创新活动带来的消极影响，提供专业的咨询和建议，降低项目失败的风险，最终提高创新效率。现有研究成果发现，高管的技术背景能够提高企业研发投入、技术人员比例，提高企业专利申请数量，这种积极的影响具有当期效应和时滞效应，最终促进了企业绩效（胡元木和纪端，2017；韩忠雪等，2014；韩忠雪和崔建伟，2015）。此外，胡元木（2012）研究发现，有技术背景的独立董事能够提升企业研发产出效率，这也从侧面印证了高管技术背景对企业创新的积极作用。

---

① 这部分的研究述评与前文高管学术经历与企业投资行为存在重叠，具体详见前文。

3. 其他高管早期经历与企业创新

除了上述两大方面的研究，还有部分学者从高管的从军经历、政治背景、海外背景等角度进行研究。如现有研究发现，具有从军经历的高管能够通过激进的公司战略规划和高效的创新执行力，对企业创新产生积极影响，并且高管从军年限越长、转业前的军衔越高，公司创新程度越高（权小峰等，2019；郎香香和尤丹丹，2021）。高管的海外背景比例对企业专利申请量有积极影响（刘凤朝等，2017）。海外背景与学术经历相结合，企业的创新水平更高（张晓亮等，2019）。宋林和张丹（2019）的研究也验证了高管的海外背景对企业创新的积极影响，同时发现，政治关联对企业创新有促进作用。

**（三）产品市场与企业创新**

产品市场与企业创新主要是围绕着行业竞争、供应链上下游的议价能力和合作关系等进行研究。

1. 产品市场竞争与企业创新

产品市场竞争对企业创新同时存在着外部治理效应和融资约束效应（Chhaochharia et al.，2017；杨新宝和王志强，2015）。外部治理效应是指产品市场竞争会促进企业进行创新等战略投资。在此过程中，竞争能够向企业的利益相关者提供评估企业的机会，也促使企业提高了信息披露质量，进而降低了企业内外部的信息不对称程度。而融资约束效应是指产品竞争降低企业的盈利空间和内源融资能力，提高了企业的融资成本（Bernini and Montagnoli，2017），抑制了企业创新投入。现有研究发现，行业竞争程度对创新投入有促进作用（何玉润等，2015；张楠等，2019；李慧云等，2020；吴翌琳和黄实磊，2021），提高了企业创新效率（胡令和王靖宇，2020）。

2. 供应链集中度与企业创新

供应链集中度对企业创新的影响包括客户集中度和供应商集中度两方面。

（1）客户集中度与企业创新的研究结果呈现出截然相反的两种观点。一方面，部分研究成果发现，客户集中度越高，意味着买方市场越强势，会降低企业的盈利空间和内源融资能力，造成融资约束效应，抑制企业的研发与创新投入（吴祖光等，2017；邵伟和刘建华，2021）；另一方面，部分研究成果发现，客户集中度越高意味着更高的互动关系和信息反馈（Lukas and Ferrell，2000；Chu et al.，2019），更有可能建立合作关系，进而促进了企业的创新投入（黄千员和宋远方，2019；徐星美等，2022）。

（2）供应商集中度与企业创新的研究成果同样呈现出不同的观点。一方面，部分研究成果发现，供应商集中度越高，意味着供应商的议价能力越强，会侵占企业的利润，抑制企业的研发与创新投入（王昀和孙晓华，2018；郭晓玲和李凯，2019；黄千员和宋远方，2019；徐星美等，2022）。另一方面，部分研究发现，供应商集中度能够有效地保障生产要素的供给，加速营运资金周转，进而促进企业研发投入（Chu et al.，2019）。

# 本章小结

综上所述，现有研究成果认为高管学术经历主要具备较强的专业能力和较高的道德标准。在此基础上进行的研究脉络主要可以分为两类：第一，专业能力能够促进企业创新，抑制企业金融化，专注于实业；第二，道德标准能够降低企业的非理性行为，获取更多的资源。现有研究成果虽然认为高管学术经历能够帮助企业脱虚向实，但并未进行深入的研究。因此，本书计划以产品市场为研究视角，深入分析学者型高管对企业投资行为、筹资和经营行为的影响。

# 第三章 学者型高管与企业投资行为

现有研究发现，高管学术经历有助于促进企业的研发投入（陈春花等，2018；何旭和马如飞，2020；郭玉冰等，2021），提高创新效率（苑泽明等，2020），实现更高的创新绩效（刘金山和刘亚攀，2017；陈春花等，2018）。但现有研究成果较少关注学者型高管对企业创新投资行为的影响机制，并且缺乏从产品市场视角进行的研究。因此，本章计划结合创新投资过程和结果，研究学者型高管对企业创新行为的影响，以及相应的影响机制。在此基础上，从产品市场的视角开展进一步研究。

## 第一节 理论分析与研究假设

学者型高管与高学历高管、高管的职能背景等具有一定的异同。

首先，学者型高管一般拥有较高的受教育水平、较高的文化素质。具体而言，能够在高校任教、在科研院所担任研究工作的人员一般都拥有硕士及以上学历，甚至都毕业于国内外的知名院校。较高的受教育水平有助于开发个体用于学习和处理信息有更高效的方法，有助于决策者通过复杂的现象看到本质，也能以更系统的方式从定性的角度和运用结构化的知识解决问题（李长娥和谢永珍，2016）。同时，受到我国传统儒家文化的影响，师者一直被尊崇为优秀的个人道德典范，拥有较高的道德标准和责任意识等，形成内在的自我约束和监督机制（周楷唐等，2017）。

其次，考虑到学者型高管的专业与科研方向存在一定的差异，可以细分为技术背景的学者型高管、管理背景的学者型高管和金融背景的学者型高管等。不同职能背景的高管均具有一技之长，并利用一技之长影响企业绩效。比如，技术背景的董事能够提高企业的创新效率和企业绩效（胡元木，2012；胡元木和纪端，2017），抑制企业的真实盈余管理（胡元木等，2016），而金融背景的高管能够改善企业的财务柔性（邓建平和陈爱华，2017）。除了认知与能力的特征外，学者型高管的另一主要特征是其受过更为严格的学术训练，使得其更注重论证的逻辑性、细节的严谨性和结论的准确性。同时，科研人员往往被称为"苦行僧"，这是因为学术训练能够对科研人员的专注力、意志力进行特殊的训练，从而造就科研人员锲而不舍的钻研精神。这种学术训练能够培养学者型高管稳健、坚毅的个人特征。此外，Hambrick（2007）认为，团队多元化的认知框架能够产生更有力的组织产出。因此，学者型高管与非学者型高管的结合，能够丰富高管团队的认知框架，有更好的组织产出。

学者型高管主要通过以下途径影响企业的创新投资行为：

第一，教育背景塑造了高管团队的认知能力。我国的科研人员一般具有硕士研究生及以上学历。教育能够塑造一个人的认知能力，这种认知能力体现在信息接收、处理以及适应环境变化等方面。现有研究成果发现，学历越高的管理者拥有越强的社会认知能力，越能够发现不易察觉的创新机会（杨风等，2016），提高企业的多元化程度（Wiersema and Bantel，1992）。但是，学历越高的高管更容易在决策时产生过度自信（Schrand and Zechman，2012），低估风险并提高企业的风险承担水平（余明桂等，2013；吕文栋等，2015），提高企业的创新强度，即研发投资密度。换言之，公司创新投入和公司高管的整体素质正相关（何强和陈松，2009）。

第二，专业背景提高了高管团队的专业能力。学者型高管在求学与科研过程中，往往专注于某个细分领域，在该领域内具有较为深入的研究。从专业背景的角度看，学者型高管一般可以分为拥有技术背景的学者型高管和人文社科类的学者型高管，两者影响企业创新投资行为的方式存在一定差异。具体而言，拥有技术背景的学者型高管既是内部的咨询者，又是企业战略的实施者。现有研究成果发现，拥有技术背景的高管更偏好关注和了解企业产品及技术的创新投入（Finkelstein，1992），拥有更强的创新精神，可以有效地增加公司的研发投入、技术人员的比例，提高企业的技术效率（韩忠学等，2014；韩忠学和崔建伟，2015；彭红星和毛新述，2017）。人文社科背景的学者型高管虽然没办法直接参与企业的创新投资行为，但可以通过其他方式间接影响企业的创新行为，如经济管理类的学者型高管能够利用自身人脉帮助企业提高企业的债务融资能力（周楷唐等，2017），从而降低企业受到的融资约束程度，进而更有效地支持企业的研发投入。

第三，道德标准增强了高管团队与企业的声誉。由于塑造了诚信、自律等道德品质，因此，学者型高管能够增强企业的声誉，发挥良好的信号传递效应，降低企业内外部的信息不对称程度。学者型高管能够提高企业的公司治理水平和会计信息质量，促进企业履行社会责任（Cho et al.，2015）等。以上这些方式，可以降低企业的融资成本和难度（周楷唐等，2017），获取更多的政府税收优惠和财政补贴（彭红星和毛新述，2017）等，促进企业的研发投入（Alm and Torgler，2011；李维安等，2016；王春元，2017；胡华夏等，2017；储德银等，2016；陈玲和杨文辉，2016；卢馨等，2018）。

根据上述分析，本章提出研究假设 H1：

H1：学者型高管有助于提高企业研发投资密度。

更多的研发投入是否意味着更高的研发产出？从创新决策的角度看，学者型高管具有较强的认知能力，对前沿的创新需求与方向的把握相对较强。同时，学者型高管受过更为严格的学术训练，使得其更注重论证的逻辑性、细节的严谨性和结论的准确性，从而提高了创新项目成功的可能性。Biernat 和 Fuegen（2010）、Foschi（2000）认为，女性普遍被认为缺乏理性和逻辑思维，很难满足创新活动对个人特质的需求，由此可以看出创新活动对逻辑性、严谨性的要求较高。潘颖雯等（2007）认为，研发的高风险性要求研发人员需要具备一定的抗压能力或意志力。以上两点恰好是经过学术训练的科研人员特有的特质。因此可以推断，在面临创新投资项目时，学者型高管能够做出更为理性的创新决策。同时，学术训练能够培养学者型高管稳健、保守的个人特征，能够抑制高学历可能导致的过度自信现象产生的影响。从创新执行的角度看，高管的责任意识和咨询、治理作用都能够促进创新投资的执行。有关学院派独立董事的研究成果也得到了类似的结论。沈艺峰等（2016）研究发现，具有学术背景独立董事与上市公司的研发投入和产品市场竞争存在正相关关系，具有学术背景的独立董事在研发投资上不仅存在咨询的作用，也可能起到传递信号的作用。此外，学者型高管的认知能力、专业水平、责任意识和个人特征更能够获得组织成员的认可，能够避免组织内部出现"回弹效应"。吴欣桐等（2017）认为，技术创新行为的回弹效应会引起创新者的自我否定和消极心态，导致下属和合作者的拒绝态度。

根据上述分析，本章提出研究假设 H2：

H2：学者型高管有助于提高企业创新绩效。

从上述分析可以看出，学者型高管通过影响企业的创新行为，进而改变企业的创新绩效。提高研发投资密度属于企业的创新行为，提升研发绩效属于企业的创新绩效。因此，本章提出研究假设 H3：

H3：研发投资密度是学者型高管影响创新绩效的中介变量。

# 第二节 研究设计

## 一、样本选择

本章选取 2008~2016 年我国 A 股上市公司作为研究样本。本章将研究样本的起始时间设定为 2008 年，主要是考虑到高管个人特征的数据从 2008 年开始更新；将研究样本的结束时间设定为 2017 年主要是因为本章有关专利申请的数据来源于 CSAMR 数据库中的上市公司与子公司专利，该数据库已于 2017 年停更 ①。同时，为了保证实证检验结果的准确性与可靠性，本章剔除了不符合研究要求的样本。剔除样本主要包括金融行业的样本，ST、PT 的样本，回归数据缺失的样本。最终得到 9482 个观测值。此外，为控制极端数据对研究结果的影响，本章对所有连续型变量进行了上下各 1% 的缩尾（Winsorize）处理。

## 二、变量定义

### （一）学者型高管

学者型高管的界定需要经过高管团队界定和学术经历界定两个步骤，在此基础上再进行变量的赋值。

首先，本章借鉴《公司法》中的规定，将高管团队界定为总经理、副经理、财务负责人、上市公司董事会秘书和公司章程规定的其他人员。采用《公司法》对高管团队范围进行界定主要包括两个方面的原因：①虽然《公司法》规定决定企业的经营计划和投资方案是董事会的职权，但具体的创新投资方案都是由管理层提出。同时，高管团队中的高管也存在着兼任董事的情况，会对

---

① 虽然 CSAMR 数据库中的上市公司研发创新子数据库包含专利申请获得情况，但专利申请授权等数据缺失比较严重，造成样本量减少。因此，在本书的研究中，涉及企业创新绩效（专利申请）的研究，均把研究的终止时间确定为 2017 年。

创新投资方案的决策产生影响。现有研究成果发现，董事、独立董事、高管，尤其是技术背景的高管都会对企业创新行为产生影响。②本书的研究视角为产品市场，认为创新成果决定着企业在产品市场上的竞争力。而产品市场的业绩反映了高管团队的经营成果，产品市场是高管团队进行经营决策的重要影响因素之一，有理由相信产品市场会影响高管团队进行创新投资的动机。考虑到现有研究成果对高管团队的界定并不一致，为了研究结论的可靠性，本章在稳健性检验中还采用了不同的高管团队界定方式进行检验。

其次，本书参考沈艺峰等（2016）、周楷唐等（2017）、沈华玉（2018）的界定方法，认为学术经历是指在高校任教、在科研机构任职或在协会从事研究。因此，学者型高管是曾在高校、科研机构或在协会从事研究，并且在上市公司兼职或任职的高管。

最后，借鉴周楷唐等（2017）对高管学术经历的赋值方法，本章采用两种方法作为学者型高管的度量指标：①设置学者型高管的虚拟变量，并记为ACA。当企业高管团队包含学者型高管时，ACA取值为1，否则为0。②学者型高管在高管团队中的人数占比，并记为ACAP。其中，在稳健性检验中采用第二种度量指标。

需要说明的是，学者型高管的相关数据来源于CSMAR数据库中的个人特征数据库，根据高管职位、任职期限等进行整理，根据是否有学术经历进行变量的赋值。其中，针对该数据库中存在数据不全的情况，本章通过查阅数据库中的高管简历进行补充完善。

**（二）创新绩效**

创新绩效指企业创新行为的结果。借鉴现有研究成果，本章选取企业的专利申请数量作为创新绩效的衡量指标。考虑到中国的专利认定体系将专利细分为发明、实用新型和外观设计，本章分别将发明、实用新型和外观设计的申请数量作为创新绩效的细分衡量指标，并借鉴黎文婧和郑曼妮（2016）的做法，将发明认定为实质性创新，将实用新型和外观设计认定为策略性创新，对创新绩效做进一步分析。此外，为了避免专利授权率的影响，本章在稳健性检验中使用专利授权数量作为创新绩效的替代变量进行检验，结果未发生改变。上市公司专利申请的数据来源于CSMAR数据库中的上市公司与子公司专利数据库。

### （三）研发投资密度

研发投资密度反映了企业创新行为的过程。现有研究成果主要使用研发支出占销售收入的比重（Czarnitzki et al.，2011）、研发支出占总资产的比重（刘放等，2016）作为研发密度的替代指标。因此，借鉴现有研究成果，本章使用研发支出占销售收入的比重作为研发投入密度的衡量指标。研发投资密度的数据来源于 CSMAR 数据库中的上市公司研发创新数据库。

### （四）控制变量

借鉴现有与创新绩效有关的研究成果，从财务变量和公司治理两个方面选取控制变量。选取总资产报酬率（ROA）、净资产报酬率（ROE）、财务风险（LEV）、托宾 Q 值（TobinQ）、固定资产占比（PPE）、公司规模（SIZE）、企业年龄（Age）、是否支付股利（DID）作为公司财务方面的控制变量。选取两职兼任（DUAL）、审计意见（Opinion）、大股东持股比例（TOP1）作为公司治理方面的控制变量。如表 3-1 所示。

表 3-1　主要变量表

| 变量代码 | 变量含义 | 变量说明 |
|---|---|---|
| APPLY | 专利申请数量 | 包含了发明、实用新型和外观设计三大类 |
| IAPPLY | 发明申请数量 | Ln（1+ 本年度的发明申请提交个数） |
| UAPPLY | 实用新型申请数量 | Ln（1+ 本年度的实用新型申请提交个数） |
| DAPPLY | 外观设计申请数量 | Ln（1+ 本年度的外观设计申请提交个数） |
| R&D | 研发投资密度 | 研发投入 / 营业收入 |
| ACA | 学者型高管虚拟变量 | 如果有学者型高管取值为 1，否则为 0 |
| PACA | 学者型高管占比 | 学者型高管人数 / 高管人数 |
| ROA | 总资产报酬率 | 利润总额 / 总资产平均余额 |
| ROE | 净资产收益率 | 净利润 / 所有者权益平均余额 |
| LEV | 财务风险 | 资产负债率 |
| TobinQ | 托宾 Q 值 | 市值 / 资产总计 |
| PPE | 固定资产占比 | 固定资产净值 / 总资产 |
| SIZE | 公司规模 | 总资产的自然对数 |

续表

| 变量代码 | 变量含义 | 变量说明 |
|---|---|---|
| Age | 企业年龄 | T 期年份 – 上市公司成立年份 |
| DID | 股利支付 | 如果有股利支付取值为 1，否则为 0 |
| Opinion | 审计意见类型 | 如果是标准审计报告取值为 1，否则为 0 |
| TOP1 | 股权集中度 | 第一大股东持股比例 |
| DUAL | 两职兼任 | 董事长与总经理两职兼任取值为 1，否则为 0 |
| STATE | 企业性质 | 根据企业实际控制人的性质划分，国有企业取值为 1，非国有企业取值为 0 |
| Life | 企业生命周期 | 参考陈汉文和程智荣（2015）的划分标准 |

## 三、模型设定

借鉴温忠麟（2004，2014）对中介检验的综述、本章分析并总结提出的中介效应检验方法，采用逐步法对假设 H1~H3 进行检验。为此，本章分别构建三个回归模型，具体如模型（3-1）~ 模型（3-3）所示。并根据三个模型的回归系数判断是否具有中介效应。具体而言：

第一，回归系数 $a_1$ 是进行中介效应检验的前提，如果 $a_1$ 不显著，则按照遮掩效应解释。

第二，检验回归系数 $b_2$、$c_1$。如果 $b_2$、$c_1$ 都显著，则间接效应显著，表示学者型高管对创新绩效的影响至少有一部分是经过中介变量研发投资密度实现的；如果 $b_2$、$c_1$ 中至少有一个不显著，则需要继续进行步骤四中的检验。

第三，如果 $b_2$、$c_1$ 都显著，为了确定研发密度是否为显著的直接效应，需要检验回归系数 $b_1$。如果 $b_1$ 不显著，则研发投资密度直接效应不显著，否则研发投资密度的直接效应显著，但可能存在其他中介。此时，如果 $b_2c_1$ 与 $b_1$ 符号相同，则为部分中介效应。

第四，如果 $b_2$、$c_1$ 中至少有一个不显著，一般可以进行 Sobel 检验、Aroian 检验和 Goodman 检验，或者采用 Bootstrap 法检验 $b_2c_1$。

$$APPLY_t = \alpha_0 + \alpha_1 ACA_t + \sum_{i=1}^{n}\alpha_{2i}CONTROL_i + \sum_{j=1}^{n}\alpha_{3j}IND_j + \sum_{k=1}^{n}\alpha_{4i}YEAR_k + e_i \qquad （3-1）$$

$$APPLY_i = b_0 + b_1 ACA_t + b_2 R\&D + \sum_{i=1}^{n} b_{3i} CONTROL_i + \sum_{j=1}^{n} b_{4j} IND_j + \sum_{k=1}^{n} b_{5i} YEAR_k + e_i \quad （3-2）$$

$$R\&D_t = c_0 + c_1 ACA_t + \sum_{i=1}^{n} c_{2i} CONTROL_i + \sum_{j=1}^{n} c_{3j} IND_j + \sum_{k=1}^{n} c_{4i} YEAR_k + e_i \quad （3-3）$$

在上述模型的基础上，本章采用混合截面数据回归，并控制年份、行业和异方差。

如果确定存在部分中介效应，可以将部分中介效应占总效应的程度进行量化。具体而言，根据模型（3-2）~模型（3-3）中的回归系数进行计算并量化，量化方法如公式（3-4）所示：

$$Moderate\_Rate = c_1 b_2 / (b_1 + c_1 b_2) \quad （3-4）$$

# 第三节　回归结果分析

## 一、描述性统计分析

相关变量的描述性统计结果如表3-2所示。可以发现：

（1）学者型高管占比（PACA）均值和中位数分别为0.0964和0，说明我国上市公司约有9.64%的学者型高管，且有一半以上的高管团队没有学者型高管。

（2）我国的专利申请数量（APPLY）均值和中位数分别为55.2497和17，标准差为123.2320，可以看出我国专利申请数量在上市公司中分布不均，在统计上存在比较严重的左偏现象，说明大部分公司的专利申请集中在低水平区域。[①]

（3）在细分的专利申请方面，发明、实用新型和外观设计的均值分别为23.0519、25.7531、5.2531，标准差与中位数的差异较大，同样可以说明发明、实用新型和外观设计的申请在上市公司中分布不均且集中在低水平区域。

表3-2　样本分布及描述性统计

| 变量 | 样本数 | 均值 | 标准差 | 最小值 | 中位数 | 最大值 |
|------|--------|------|--------|--------|--------|--------|
| ACA | 11674 | 0.3873 | 0.4871 | 0.0000 | 0.0000 | 1.0000 |

---

① 进行描述性统计分析时，尚未将专利、发明、实用新型和外观设计等变量取自然对数，更加直观。

续表

| 变量 | 样本数 | 均值 | 标准差 | 最小值 | 中位数 | 最大值 |
|---|---|---|---|---|---|---|
| PACA | 11674 | 0.0964 | 0.1453 | 0.0000 | 0.0000 | 0.6000 |
| APPLY | 11674 | 55.2497 | 123.2320 | 0.0000 | 17.0000 | 871.0000 |
| IAPPLY | 11674 | 23.0519 | 55.1748 | 0.0000 | 6.0000 | 401.0000 |
| UAPPLY | 11674 | 25.7531 | 60.1375 | 0.0000 | 7.0000 | 422.0000 |
| DAPPLY | 11674 | 5.2351 | 16.8882 | 0.0000 | 0.0000 | 122.0000 |
| R&D | 11674 | 4.4625 | 5.0902 | 0.0000 | 3.4700 | 137.4500 |
| ROA | 11674 | 0.0466 | 0.0533 | −0.1356 | 0.0414 | 0.2130 |
| TobinQ | 11674 | 2.8016 | 1.8147 | 0.9389 | 2.2326 | 10.4335 |
| LEV | 11674 | 0.3971 | 0.2008 | 0.0467 | 0.3844 | 0.8631 |
| Opinion | 11674 | 0.9822 | 0.1323 | 0.0000 | 1.0000 | 1.0000 |
| TOP1 | 11674 | 34.5898 | 14.4233 | 8.6308 | 32.9388 | 73.0561 |
| SIZE | 11674 | 22.0201 | 1.2261 | 19.9162 | 21.8319 | 25.9490 |
| PPE | 11674 | 0.2178 | 0.1437 | 0.0082 | 0.1905 | 0.6500 |
| DID | 11674 | 0.7829 | 0.4123 | 0.0000 | 1.0000 | 1.0000 |
| Age | 11674 | 9.3585 | 6.4888 | 1.0000 | 7.0000 | 28.0000 |

## 二、单变量分析

有学者型高管与无学者型高管的上市公司的研发投资密度和专利申请数量差异如表 3-3 所示。可以发现：

（1）在平均值检验中，有学者型高管的企业专利申请数量比无学者型高管的企业专利申请数量多了 14.96 个，两者差异在 1% 的置信水平上显著，说明有学者型高管的企业申请专利的数量显著多于无学者型高管的企业。同理，在细分的专利申请领域中，有学者型高管的企业比无学者型高管的企业在发明、实用新型、外观设计申请数量上分别多了 8.84 个、4.12 个和 0.862 个，两者差异均在 1%、1% 的置信水平上显著，初步验证了假设 H2。

（2）在中位数检验中，有学者型高管的企业专利申请数量比无学者型高管的企业专利申请数量多了 4 个，两者差异在 1% 的置信水平上显著，说明有学者型高管的企业申请专利的数量显著多于无学者型高管的企业。在细分的专利申请领域中，有学者型高管的企业比无学者型高管的企业在发明申请数量上多了 3 个，并且在 1% 的置信水平上显著，初步验证假设 H2。虽然有学者型高管的企业专利申请数量比无学者型高管的企业在实用新型和外观设计方面不存在差异，但 Z 值检验还是在 1% 的置信水平上显著，这可能是由于样本分布存在左偏的现象导致，是否支持假设 H2，还有待后续进一步回归分析。

（3）在平均值检验中，有学者型高管的企业研发投资密度比无学者型高管的企业高了 1.537，两者差异在 1% 的置信水平上显著，初步验证了假设 H1。

（4）在中位数检验中，有学者型高管的企业研发投资密度比无学者型高管的企业高了 0.79，两者差异在 1% 的置信水平上显著，初步验证了假设 H1。

表 3-3　单变量分析

| 变量名称 | 平均值检验 | | | | 中位数检验 | | | |
|---|---|---|---|---|---|---|---|---|
| | 无学者型高管（0） | 有学者型高管（1） | (1)~(0) | t 值 | 无学者型高管（0） | 有学者型高管（1） | (1)~(0) | z 值 |
| APPLY | 49.46 | 64.42 | 14.96 | −6.400*** | 16 | 20 | 4 | −8.452*** |
| IAPPLY | 19.63 | 28.47 | 8.84 | 8.458*** | 5 | 8 | 3 | 11.780*** |
| UAPPLY | 24.16 | 28.28 | 4.12 | 3.612*** | 7 | 7 | 0 | 2.569** |
| DAPPLY | 4.901 | 5.763 | 0.862 | 2.687*** | 0 | 0 | 0 | 5.867*** |
| R&D | 3.867 | 5.404 | 1.537 | 16.061*** | 3.200 | 3.990 | 0.79 | 22.421*** |

注：**、*** 分别表示在 5%、1% 的置信水平上显著。

## 三、多元回归分析

假设 H1~H3 两点检验结果如表 3-4 所示，具体而言：

（1）第（1）列报告了学者型高管与创新绩效的回归结果。可以看出，学者型高管（ACA）的回归系数在 1% 的置信水平上显著为正，说明学者型高管有助于提高创新绩效。回归结果支持假设 H2。

（2）第（2）列报告了学者型高管与研发投资密度的回归结果。可以看出，学者型高管（ACA）的回归系数在 1% 的置信水平上显著为正，说明学者型高管有助于提高研发投资密度。回归结果支持假设 H1。

（3）第（3）列报告了学者型高管、研发投资密度与创新绩效的回归结果。可以看出，学者型高管（ACA）和研发投资密度（R&D）的回归系数在 1% 的置信水平上显著为正。可以看出，在第（1）列的基础上，加入了研发投资密度（R&D）进行回归。学者型高管的回归系数仍然显著为正，但显著性水平均有所下降。同时，研发投资密度的回归系数显著为正。由此可以判断，研发投资密度是学者型高管影响创新绩效的中介变量，并起部分中介效应。

本章进一步将中介效应量化，研发投资密度的中介效应占总效应的比重约为 12.76%。此外，控制变量的回归结果基本上与早期研究一致，说明研究结论具有一定的可靠性。

表 3-4　学者型高管与创新绩效中介效应回归结果（当期效应）

| 变量 | （1） | （2） | （3） |
|---|---|---|---|
| | APPLY | R&D | APPLY |
| ACA | 0.1966*** | 0.7189*** | 0.1679*** |
| | （8.20） | （8.73） | （6.98） |
| R&D | | | 0.0400*** |
| | | | （8.09） |
| ROA | 2.6876*** | −13.2259*** | 3.2160*** |
| | （9.04） | （−9.87） | （10.60） |
| TobinQ | −0.0099 | 0.5020*** | −0.0299*** |
| | （−1.09） | （11.66） | （−3.19） |
| LEV | 0.2123*** | −5.6083*** | 0.4364*** |
| | （2.58） | （−16.25） | （5.09） |
| Opinion | 0.2847*** | −2.4773*** | 0.3837*** |
| | （2.91） | （−2.70） | （3.76） |
| TOP1 | −0.0022** | −0.0273*** | −0.0011 |
| | （−2.53） | （−10.47） | （−1.29） |

续表

| 变量 | （1） | （2） | （3） |
|---|---|---|---|
| | APPLY | R&D | APPLY |
| SIZE | 0.5567*** | 0.3068*** | 0.5444*** |
| | （34.83） | （6.46） | （34.23） |
| PPE | −0.7435*** | −2.8148*** | −0.6311*** |
| | （−7.29） | （−8.59） | （−6.19） |
| DID | 0.1398*** | 0.1473 | 0.1340*** |
| | （4.13） | （1.28） | （3.99） |
| Age | −0.0084*** | −0.0529*** | −0.0063*** |
| | （−3.70） | （−7.35） | （−2.78） |
| _cons | −11.3057*** | 1.8520 | −11.3797*** |
| | （−31.10） | （1.46） | （−31.40） |
| 年份 | 控制 | 控制 | 控制 |
| 行业 | 控制 | 控制 | 控制 |
| 观测值 | 11674 | 11674 | 11674 |
| 调整后的 $R^2$ | 0.3511 | 0.2921 | 0.3633 |

注：括号内为估计系数的稳健性 T 统计量；*、**、*** 分别表示在 10%、5%、1% 的置信水平上显著。

考虑到学者型高管对企业研发与创新绩效的影响存在一定的滞后性。为此，本章在表 3-4 中模型（1）~模型（3）的回归中，使用学者型高管的滞后一期数据进行回归检验，考察学者型高管对下一年度的创新绩效的影响，检验可能存在的时滞效应。

时滞效应的回归结果如表 3-5 所示。

（1）第（1）列报告了学者型高管与创新绩效的回归结果。可以看出，学者型高管（ACA）的回归系数在 1% 的置信水平上显著为正，说明学者型高管有助于提高创新绩效。回归结果支持假设 H2。

（2）第（2）列报告了学者型高管与研发投资密度的回归结果。可以看出，学者型高管（ACA）的回归系数在 1% 的置信水平上显著为正，说明学者型高管有助于提高研发投资密度。回归结果支持假设 H1。

（3）第（3）列报告了学者型高管、研发投资密度与创新绩效的回归结果。可以看出，学者型高管（ACA）和研发投资密度（R&D）的回归系数在 1% 的置信水平上显著为正。可以看出，在第（1）列的基础上，加入了研发投资密度（R&D）进行回归。学者型高管的回归系数仍然显著为正，但显著性水平均有所下降。同时，研发投资密度的回归系数显著为正。由此可以判断，研发投资密度是学者型高管影响创新绩效的中介变量，并起部分中介效应。本章进一步将中介效应量化，研发投资密度的中介效应占总效应的比重约为 15.84%。

表 3-5　学者型高管与创新绩效中介效应回归结果（时滞效应）

| 变量 | （1） | （2） | （3） |
|---|---|---|---|
| | APPLY | R&D | APPLY |
| L.ACA | 0.2450*** | 0.8919*** | 0.1989*** |
| | （8.00） | （9.02） | （6.48） |
| R&D | | | 0.0517*** |
| | | | （9.36） |
| ROA | 1.9233*** | −16.1990*** | 2.7607*** |
| | （5.47） | （−11.58） | （7.60） |
| TobinQ | −0.0189* | 0.5890*** | −0.0494*** |
| | （−1.91） | （13.14） | （−4.73） |
| LEV | 0.2640*** | −5.9223*** | 0.5702*** |
| | （2.59） | （−15.05） | （5.43） |
| Opinion | 0.3990*** | −2.2608** | 0.5159*** |
| | （3.42） | （−2.50） | （4.09） |
| TOP1 | −0.0030*** | −0.0385*** | −0.0010 |
| | （−2.64） | （−11.90） | （−0.87） |
| SIZE | 0.5514*** | 0.2685*** | 0.5375*** |
| | （27.85） | （5.19） | （27.59） |
| PPE | −0.9336*** | −5.6993*** | −0.6389*** |
| | （−8.18） | （−17.09） | （−5.48） |

| 变量 | （1） | （2） | （3） |
|------|------|------|------|
|  | APPLY | R&D | APPLY |
| DID | 0.1833*** | 0.1995 | 0.1730*** |
|  | （4.38） | （1.41） | （4.19） |
| Age | −0.0189*** | −0.0878*** | −0.0144*** |
|  | （−6.71） | （−11.90） | （−5.13） |
| _cons | −9.4803*** | 5.2320*** | −9.7507*** |
|  | （−22.24） | （3.83） | （−23.12） |
| 年份 | 控制 | 控制 | 控制 |
| 行业 | 控制 | 控制 | 控制 |
| 观测值 | 8916 | 8916 | 8916 |
| 调整后的 $R^2$ | 0.2013 | 0.2020 | 0.2234 |

注：括号内为估计系数的稳健性 T 统计量；*、**、*** 分别表示在 10%、5%、1% 的置信水平上显著。

对比表 3-4 和表 3-5 可以看出，我国创新活动既存在当期效应也存在滞后效应。相比于当期效应，时滞效应中，学者型高管（ACA）的回归系数绝对值均大于当期效应，说明学者型高管对创新绩效和研发投资密度的边际作用更大。同时，研发投资密度发挥的中介效应占总效应的比重更高，说明研发投资密度在学者型高管影响创新绩效的过程中，传导效果更为明显。[①]综上所述，学者型高管对研发投资密度和创新绩效的影响具有一定的时滞效应。

## 四、内生性检验

本章的模型（3-1）～模型（3-3）的回归结果可能存在内生性问题。导致模型产生内生性的原因主要有自选择、遗漏变量和互为因果，本章采用 Heckman 两阶段估计法、倾向得分配对（PSM）和滞后一期回归三种方法进行

---

① 本章对表 3-4 和表 3-5 对应的模型回归结果，采用似无相关模型（SUR）对学者型高管（ACA）系数的组间差异检验，结果不显著，不能说明学者型高管对创新绩效和研发投资密度在第二个会计年度更为显著。回归系数只能说明经济学意义上的边际作用更大。

检验，缓解潜在的内生性问题产生的影响。

（一）Heckman 两阶段检验

为了缓解样本自选择问题，本章采用 Heckman 两阶段法进行回归检验。具体而言，本章借鉴周楷唐等（2017）的做法，选取上一年度同行业上市公司的学者型高管占比（AcaInd）作为 Heckman 第一阶段回归的工具变量进行回归，再将第一阶段回归所得的逆米尔斯系数（IMR）代入第二阶段的回归。

Heckman 两阶段的回归结果如表 3-6 所示。可以看出：

（1）第一阶段的回归结果，可以看出 AcaInd 的回归系数显著为正，表明上一年度同行业上市公司学者型高管的占比会影响其公司聘任学者型高管的决策，即随着同行业上市公司聘请学者型高管比重的增加，公司也会增加聘请学者型高管的概率，检验结果与周楷唐等（2017）一致。

（2）第（2）~（4）列报告了 Heckman 第二阶段的回归结果。可以看出，第（2）~（4）列的逆米尔斯系数（IMR）均在 1% 的置信水平上显著为负，说明本章的回归分析中存在样本自选择的内生性问题。再加入逆米尔斯系数（IMR）进行回归后，学者型高管（ACA）的系数在 1% 的置信水平上显著为正；研发投资密度（R&D）的系数在 1% 的置信水平上显著为正。同时，当加入研发投资密度（R&D）后，学者型高管（ACA）的回归系数显著为正，但显著性水平有所下降。这说明在考虑了样本自选择的内生性问题之后，学者型高管与创新绩效和研发投资密度的正相关关系，以及研发投资密度发挥的中介效应依然成立。为了避免多重共线性问题，本章还进行了 VIF 检验，结果显示 IMR 的 VIF 值均小于 4，说明 Heckman 两阶段检验不存在多重共线性问题。研究结论与上文一致。

表 3-6　Heckman 两阶段检验

| 变量 | （1） | （2） | （3） | （4） |
|------|------|------|------|------|
|  | ACA | APPLY | R&D | APPLY |
| PACA_ind | 8.4380\*\*\*<br>（22.52） |  |  |  |
| ACA |  | 0.2078\*\*\*<br>（6.68） | 0.6026\*\*\*<br>（6.00） | 0.1781\*\*\*<br>（5.76） |

| 变量 | （1） | （2） | （3） | （4） |
|---|---|---|---|---|
| | ACA | APPLY | R&D | APPLY |
| R&D | | | | 0.0494*** |
| | | | | （9.02） |
| ROA | −0.0185 | −0.5074*** | −2.9888*** | −0.3599*** |
| | （−0.06） | （−6.65） | （−13.04） | （−4.71） |
| TobinQ | 0.0530*** | 1.9175*** | −16.2211*** | 2.7183*** |
| | （5.60） | （5.47） | （−11.71） | （7.50） |
| LEV | −0.3957*** | −0.0208** | 0.5804*** | −0.0494*** |
| | （−4.11） | （−2.09） | （13.06） | （−4.74） |
| Opinion | −0.0374 | 0.2754*** | −5.8677*** | 0.5651*** |
| | （−0.33） | （2.72） | （−15.01） | （5.40） |
| TOP1 | −0.0050*** | 0.3759*** | −2.3922*** | 0.4940*** |
| | （−4.92） | （3.26） | （−2.68） | （3.96） |
| SIZE | 0.1708*** | −0.0023** | −0.0349*** | −0.0006 |
| | （10.20） | （−2.07） | （−10.82） | （−0.53） |
| PPE | −0.1713 | 0.5584*** | 0.3185*** | 0.5427*** |
| | （−1.64） | （28.36） | （6.20） | （27.93） |
| DID | 0.0447 | −0.7683*** | −4.7406*** | −0.5342*** |
| | （1.13） | （−6.56） | （−13.69） | （−4.51） |
| Age | −0.0335*** | 0.1749*** | 0.1537 | 0.1673*** |
| | （−12.72） | （4.19） | （1.10） | （4.06） |
| IMR | | −0.0169*** | −0.0765*** | −0.0131*** |
| | | （−6.00） | （−10.30） | （−4.68） |
| _cons | −4.2139*** | −9.1681*** | 6.9166*** | −9.5096*** |
| | （−11.37） | （−21.41） | （4.98） | （−22.38） |

续表

| 变量 | （1） | （2） | （3） | （4） |
|---|---|---|---|---|
|  | ACA | APPLY | R&D | APPLY |
| 年份 | 控制 | 控制 | 控制 | 控制 |
| 行业 | 控制 | 控制 | 控制 | 控制 |
| 观测值 | 8916 | 8916 | 8916 | 8916 |
| 调整后的 $R^2$ | 0.0692 | 0.2061 | 0.2167 | 0.2260 |

注：括号内为估计系数的稳健性 T 统计量；\*、\*\*、\*\*\* 分别表示在 10%、5%、1% 的置信水平上显著。

**（二）倾向得分匹配**

为了缓解自选择偏误，本章运用倾向得分匹配（PSM）进行检验。具体而言，使用学者型高管的虚拟变量对所有的控制变量进行回归，计算得到各个观测值的倾向得分。为了提高匹配的质量，本章仅保留倾向得分重叠部分的个体，再将有学者型高管与无学者型高管的样本进行重复的一对一匹配①，从而得到匹配后样本 5860 个。在此基础上，先进行均衡性检验，再进行后续的回归检验。

倾向得分配对（PSM）的检验结果如表 3-7 所示，可以看出：

（1）Panel A 报告了均衡性检验结果，匹配后的控制变量标准化偏差（%bias）均小于 10%，说明重复的一对一配对后，控制变量间不存在明显差异，符合倾向得分配对的基本要求。

（2）Panel B 报告了平均干预效应的结果，ATT 的差异显著为正，说明个体在干预状态下的平均干预效应显著，即在控制其他匹配变量不变的情况下，学者型高管（ACA）从 0 变为 1，创新绩效（APPLY）平均增加了 0.2222；而研发投资密度（R&D）平均增加了 1.0278。平均干预效应的检验结果与上文的研究结论一致。

（3）Panel C 报告了匹配后样本的回归结果，学者型高管（ACA）的系数

———————————

① 本书还使用不重复的一对一配对，近邻配对等配对方法进行 PSM 检验，但不重复的一对一配对未通过均衡性检验，其他配对方式的均衡性检验结果不如重复一对一配对，因此本书选用重复一对一的配对方式。

在 1% 的置信水平上显著为正；研发投资密度（R&D）的系数在 1% 的置信水平上显著为正。同时，当加入研发投资密度（R&D）后，学者型高管（ACA）的回归系数显著为正，但显著性水平有所下降。这说明在控制公司特征方面的差异之后，学者型高管与创新绩效和研发投资密度的正相关关系，以及研发投资密度发挥的中介效应依然成立。为了避免多重共线性问题，本章还进行了 VIF 检验，结果显示 IMR 的 VIF 值均小于 4，说明 Heckman 两阶段检验不存在多重共线性问题。研究结论与上文一致。

表 3-7　倾向得分配对

| Panel A | | | | | | | | |
|---|---|---|---|---|---|---|---|---|
| Variable | Matched/ Unmatched | Mean Treated | Mean Control | %bias | \|bias\| | t | p>\|t\| | V（T）/ V（C） |
| ROA | U | 0.05254 | 0.04284 | 18.4 | | 9.63 | 0.000 | 0.88* |
| | M | 0.05257 | 0.05377 | −2.3 | 87.7 | −1.090 | 0.275 | 0.92* |
| TobinQ | U | 3.0197 | 2.6637 | 19.6 | | 10.37 | 0.000 | 1.13* |
| | M | 3.0197 | 3.0249 | −0.3 | 98.6 | −0.130 | 0.9 | 0.85* |
| LEV | U | 0.36934 | 0.41461 | −22.7 | | −11.94 | 0.000 | 0.96 |
| | M | 0.36923 | 0.3711 | −0.9 | 95.9 | −0.450 | 0.652 | 1.01 |
| Audit_ Opinion | U | 0.98496 | 0.98043 | 3.5 | | 1.8 | 0.071 | |
| | M | 0.98496 | 0.99027 | −4.1 | −17.2 | −2.280 | 0.022 | |
| TOP1 | U | 33.659 | 35.178 | −10.6 | | −5.55 | 0.000 | 0.94* |
| | M | 33.655 | 34.041 | −2.7 | 74.6 | −1.290 | 0.199 | 0.96 |
| SIZE | U | 21.955 | 22.061 | −8.7 | | −4.56 | 0.000 | 1.01 |
| | M | 21.955 | 21.987 | −2.6 | 69.9 | −1.230 | 0.219 | 0.97 |
| PPE_Pct | U | 0.19856 | 0.23001 | −22.3 | | −11.59 | 0.000 | 0.80* |
| | M | 0.19849 | 0.20153 | −2.2 | 90.3 | −1.080 | 0.28 | 0.99 |

续表

| Panel A | | | | | | | | |
|---|---|---|---|---|---|---|---|---|
| Variable | Matched/<br>Unmatched | Mean<br>Treated | Mean<br>Control | %bias | \|bias\| | t | p>\|t\| | V（T）/<br>V（C） |
| dummy_D | U | 0.82769 | 0.75465 | 18 | | 9.36 | 0.000 | |
| | M | 0.82788 | 0.83606 | −2 | 88.8 | −1.040 | 0.298 | |
| Age | U | 7.9573 | 10.244 | −36.3 | | −18.83 | 0.000 | 0.78* |
| | M | 7.9549 | 7.9591 | −0.1 | 99.8 | −0.030 | 0.973 | 0.99 |

| Panel B | | | | | |
|---|---|---|---|---|---|
| Variable | Sample | Treated | Controls | Difference | S.E. | T−stat |
| APPLY | Unmatched | 3.0407 | 2.7755 | 0.2652 | 0.0295 | 8.99 |
| | ATT | 3.0414 | 2.8191 | 0.2222 | 0.0405 | 5.49 |
| | ATU | 2.7758 | 3.0066 | 0.2307 | 0.0405 | 5.7 |
| | ATE | | | 0.2274 | 0.0357 | 6.38 |
| R&D | Unmatched | 5.4039 | 3.8674 | 1.5365 | 0.0957 | 16.06 |
| | ATT | 5.4046 | 4.377 | 1.0278 | 0.1305 | 7.88 |
| | ATU | 3.8650 | 4.5033 | 0.6383 | 0.1017 | 6.28 |
| | ATE | | | 0.7892 | 0.0997 | 7.91 |

| Panel C | | | |
|---|---|---|---|
| 变量 | （1） | （2） | （3） |
| | APPLY | R&D | APPLY |
| ACA | 0.2745***<br>（7.51） | 0.8917***<br>（7.13） | 0.2287***<br>（6.17） |
| R&D | | | 0.0513***<br>（6.56） |
| ROA | 0.8706**<br>（2.04） | −18.5376***<br>（−9.46） | 1.8216***<br>（4.18） |

续表

| 变量 | Panel C | | |
|---|---|---|---|
| | （1） | （2） | （3） |
| | APPLY | R&D | APPLY |
| TobinQ | −0.0101 | 0.5780*** | −0.0397*** |
| | （−0.87） | （11.25） | （−3.22） |
| LEV | 0.1080 | −6.1905*** | 0.4255*** |
| | （0.85） | （−13.98） | （3.23） |
| Opinion | 0.2335 | −2.9040 | 0.3825** |
| | （1.51） | （−1.59） | （2.30） |
| TOP1 | −0.0034** | −0.0403*** | −0.0014 |
| | （−2.47） | （−9.65） | （−1.00） |
| SIZE | 0.5861*** | 0.2789*** | 0.5718*** |
| | （22.99） | （4.47） | （22.84） |
| PPE | −0.8495*** | −5.5591*** | −0.5643*** |
| | （−5.77） | （−13.56） | （−3.73） |
| DID | 0.2063*** | 0.2507 | 0.1934*** |
| | （3.83） | （1.47） | （3.64） |
| Age | −0.0173*** | −0.0819*** | −0.0131*** |
| | （−4.63） | （−8.41） | （−3.52） |
| _cons | −10.1273*** | 5.6152** | −10.4154*** |
| | （−18.50） | （2.56） | （−19.29） |
| 年份 | 控制 | 控制 | 控制 |
| 行业 | 控制 | 控制 | 控制 |
| 样本量 | 5860 | 5860 | 5860 |
| 调整后的 $R^2$ | 0.2095 | 0.1793 | 0.2324 |

注：括号内为估计系数的稳健性 T 统计量；*、**、*** 分别表示在 10%、5%、1% 的置信水平上显著。

### （三）滞后一期检验

为了避免可能存在的互为因果问题，本章将自变量滞后一期进行回归。滞后一期的检验结果在时滞效应的检验中已经报告。滞后一期的检验结果支持假设 H1~H3，在此不再赘述。

## 五、稳健性检验

### （一）变更创新绩效的度量方式

上文使用专利申请数量的自然对数作为创新绩效的衡量指标。为保证研究结论的可靠性，本章借鉴现有研究成果对创新绩效的指标设定，采用专利申请数量和专利授权数量的自然对数作为替代衡量指标，对模型（3–1）~模型（3–3）进行检验。其中，采用专利申请数量主要是考虑到，上文适用专利申请数量的自然对数虽然能够增加数据的平稳性，消除模型设定可能存在的异方差问题，但取对数滞后让模型不再符合经济学意义；采用专利授权数量主要是考虑到，专利申请数量可能会受到专利及其子项目申请通过率的影响。因此，本章在稳健性检验时，采用更符合经济学意义的专利申请数量和确定性更强的授权数量作为替代衡量指标。

变更创新绩效衡量指标后的回归结果如表 3–8 所示。可以看出，学者型高管（ACA）的系数在 1% 的置信水平上显著为正；研发投资密度（R&D）的系数在 1% 的置信水平上显著为正。同时，当加入研发投资密度（R&D）后，学者型高管（ACA）的回归系数显著为正，但显著性水平有所下降。与上文的研究结论一致。

表 3–8　变更创新绩效的指标（1）

| 因变量 | （1） APPLY | （2） R&D | （3） APPLY | （4） APPLYGRANT | （5） R&D | （6） APPLYGRANT |
|---|---|---|---|---|---|---|
| ACA | 11.6328*** （5.54） | 0.7189*** （8.73） | 10.5602*** （5.03） | 0.1240*** （6.99） | 0.7189*** （8.73） | 0.1063*** （5.98） |
| R&D | | | 1.4919*** （6.42） | | | 0.0247*** （7.59） |
| ROA | 13.6370 （0.55） | −13.2259*** （−9.87） | 33.3690 （1.33） | 1.0350*** （5.06） | −13.2259*** （−9.87） | 1.3620*** （6.56） |

续表

| 因变量 | （1） | （2） | （3） | （4） | （5） | （6） |
|---|---|---|---|---|---|---|
| | APPLY | R&D | APPLY | APPLYGRANT | R&D | APPLYGRANT |
| TobinQ | 6.5656*** | 0.5020*** | 5.8167*** | 0.0294*** | 0.5020*** | 0.0170*** |
| | （8.94） | （11.66） | （7.85） | （4.73） | （11.66） | （2.62） |
| LEV | −11.0154* | −5.6083*** | −2.6482 | −0.0195 | −5.6083*** | 0.1192* |
| | （−1.74） | （−16.25） | （−0.41） | （−0.33） | （−16.25） | （1.95） |
| Opinion | 12.8667** | −2.4773*** | 16.5627** | 0.1956*** | −2.4773*** | 0.2569*** |
| | （2.03） | （−2.70） | （2.54） | （3.32） | （−2.70） | （4.13） |
| TOP1 | 0.1406* | −0.0273*** | 0.1813** | −0.0005 | −0.0273*** | 0.0002 |
| | （1.69） | （−10.47） | （2.19） | （−0.71） | （−10.47） | （0.34） |
| SIZE | 58.8943*** | 0.3068*** | 58.4367*** | 0.3674*** | 0.3068*** | 0.3598*** |
| | （24.59） | （6.46） | （24.46） | （28.38） | （6.46） | （27.92） |
| PPE | −62.0766*** | −2.8148*** | −57.8771*** | −0.4616*** | −2.8148*** | −0.3920*** |
| | （−7.50） | （−8.59） | （−7.01） | （−6.52） | （−8.59） | （−5.54） |
| DID | 5.9307** | 0.1473 | 5.7110** | 0.0508** | 0.1473 | 0.0471** |
| | （2.32） | （1.28） | （2.24） | （2.18） | （1.28） | （2.04） |
| Age | −0.5556*** | −0.0529*** | −0.4767** | −0.0053*** | −0.0529*** | −0.0039** |
| | （−2.63） | （−7.35） | （−2.25） | （−3.31） | （−7.35） | （−2.48） |
| _cons | −1265.6535*** | 1.8520 | −1268.4166*** | −7.3661*** | 1.8520 | −7.4119*** |
| | （−25.35） | （1.46） | （−25.44） | （−25.71） | （1.46） | （−25.91） |
| 年份 | 控制 | 控制 | 控制 | 控制 | 控制 | 控制 |
| 行业 | 控制 | 控制 | 控制 | 控制 | 控制 | 控制 |
| 观测值 | 11674 | 11674 | 11674 | 11674 | 11674 | 11674 |
| 调整后的 $R^2$ | 0.2953 | 0.2921 | 0.2980 | 0.3836 | 0.2921 | 0.3919 |

注：括号内为估计系数的稳健性 T 统计量；*、**、*** 分别表示在 10%、5%、1% 的置信水平上显著。

## （二）变更高管的界定范围

由于现有研究成果存在着较为多种的高管团队界定方法，为避免高管团队界定方法对本章研究结论产生的影响，本章通过变更高管团队的界定方法对模型（3-1）~模型（3-3）进行检验。第一种界定方法为，将高管团队界定为总经理、副总经理、财务总监、董事会秘书；第二种界定方法为，将高管团队界定为总经理、副总经理、财务总监；第三种界定方法为，将高管团队界定为总经理、财务总监；第四种界定方法为，将高管团队界定为总经理。

　　高管团队界定标准变更后的回归结果如表3-9、表3-10所示。其中，表3-9的第（1）~（3）列报告了第一种界定范围的回归结果；表3-9的第（4）~（6）列报告了第二种界定范围的回归结果；表3-10的第（1）~（3）列报告了第三种界定范围的回归结果；表3-10的第（4）~（6）列报告了第四种界定范围的回归结果。可以看出，学者型高管（ACA）的系数在1%的置信水平上显著为正；研发投资密度（R&D）的系数在1%的置信水平上显著为正。同时，当加入研发投资密度（R&D）之后，学者型高管（ACA）的回归系数显著为正，但显著性水平有所下降。与上文的研究结论一致。

表3-9　高管团队界定标准的变更（1）

| 变量 | （1） | （2） | （3） | （4） | （5） | （6） |
| --- | --- | --- | --- | --- | --- | --- |
| | APPLY | R&D | APPLY | APPLY | R&D | APPLY |
| ACA | 0.2029*** （8.36） | 0.7189*** （8.73） | 0.1740*** （7.15） | 0.1963*** （8.06） | 0.7185*** （8.65） | 0.1673*** （6.85） |
| R&D | | | 0.0403*** （8.09） | | | 0.0403*** （8.09） |
| ROA | 2.6154*** （8.73） | −13.2259*** （−9.87） | 3.1478*** （10.30） | 2.6122*** （8.72） | −13.2395*** （−9.88） | 3.1461*** （10.29） |
| TobinQ | −0.0063 （−0.69） | 0.5020*** （11.66） | −0.0265*** （−2.80） | −0.0061 （−0.67） | 0.5024*** （11.67） | −0.0264*** （−2.79） |
| LEV | 0.1950** （2.35） | −5.6083*** （−16.25） | 0.4208*** （4.87） | 0.1926** （2.32） | −5.6140*** （−16.27） | 0.4190*** （4.85） |
| Opinion | 0.2895*** （2.96） | −2.4773*** （−2.70） | 0.3893*** （3.80） | 0.2905*** （2.97） | −2.4735*** （−2.70） | 0.3903*** （3.81） |
| TOP1 | −0.0024*** （−2.74） | −0.0273*** （−10.47） | −0.0013 （−1.52） | −0.0025*** （−2.75） | −0.0273*** （−10.47） | −0.0014 （−1.53） |

续表

| 变量 | （1）APPLY | （2）R&D | （3）APPLY | （4）APPLY | （5）R&D | （6）APPLY |
|---|---|---|---|---|---|---|
| SIZE | 0.5801*** （34.35） | 0.3068*** （6.46） | 0.5677*** （33.81） | 0.5805*** （34.36） | 0.3074*** （6.48） | 0.5681*** （33.82） |
| PPE | −0.7575*** （−7.36） | −2.8148*** （−8.59） | −0.6442*** （−6.26） | −0.7547*** （−7.33） | −2.8012*** （−8.55） | −0.6418*** （−6.23） |
| DID | 0.1400*** （4.09） | 0.1473 （1.28） | 0.1341*** （3.96） | 0.1409*** （4.12） | 0.1497 （1.30） | 0.1348*** （3.98） |
| Age | −0.0091*** （−3.92） | −0.0529*** （−7.35） | −0.0069*** （−3.00） | −0.0091*** （−3.94） | −0.0528*** （−7.33） | −0.0070*** （−3.03） |
| _cons | −11.7888*** （−31.00） | 1.8520 （1.46） | −11.8633*** （−31.31） | −11.7965*** （−31.00） | 1.8325 （1.45） | −11.8704*** （−31.31） |
| 年份 | 控制 | 控制 | 控制 | 控制 | 控制 | 控制 |
| 行业 | 控制 | 控制 | 控制 | 控制 | 控制 | 控制 |
| 观测值 | 11674 | 11674 | 11674 | 11674 | 11674 | 11674 |
| 调整后的 $R^2$ | 0.3511 | 0.2921 | 0.3633 | 0.3509 | 0.2921 | 0.3631 |

注：括号内为估计系数的稳健性T统计量；*、**、*** 分别表示在10%、5%、1%的置信水平上显著。

表3–10　高管团队界定标准的变更（2）

| 变量 | （1）APPLY | （2）R&D | （3）APPLY | （4）APPLY | （5）R&D | （6）APPLY |
|---|---|---|---|---|---|---|
| ACA | 0.1709*** （6.10） | 0.4899*** （4.88） | 0.1508*** （5.40） | 0.2035*** （7.08） | 0.5114*** （5.00） | 0.1826*** （6.38） |
| R&D |  |  | 0.0411*** （8.16） |  |  | 0.0410*** （8.16） |
| ROA | 2.6096*** （8.71） | −13.2327*** （−9.86） | 3.1536*** （10.32） | 2.6057*** （8.70） | −13.2352*** （−9.87） | 3.1481*** （10.31） |

续表

| 变量 | （1） | （2） | （3） | （4） | （5） | （6） |
| --- | --- | --- | --- | --- | --- | --- |
| | APPLY | R&D | APPLY | APPLY | R&D | APPLY |
| TobinQ | −0.0050 （−0.54） | 0.5080*** （11.80） | −0.0258*** （−2.73） | −0.0048 （−0.53） | 0.5090*** （11.81） | −0.0257*** （−2.71） |
| LEV | 0.1817** （2.19） | −5.6656*** （−16.23） | 0.4146*** （4.79） | 0.1822** （2.20） | −5.6696*** （−16.24） | 0.4145*** （4.79） |
| Opinion | 0.2915*** 2.95） | −2.4736*** （−2.70） | 0.3931*** （3.80） | 0.2871*** （2.91） | −2.4861*** （−2.71） | 0.3890*** （3.77） |
| TOP1 | −0.0026*** （−2.95） | −0.0281*** （−10.68） | −0.0015* （−1.67） | −0.0026*** （−2.92） | −0.0281*** （−10.68） | −0.0015 （−1.64） |
| SIZE | 0.5884*** （34.86） | 0.3368*** （7.06） | 0.5746*** （34.22） | 0.5894*** （34.97） | 0.3394*** （7.13） | 0.5754*** （34.31） |
| PPE | −0.7736*** （−7.49） | −2.8820*** （−8.74） | −0.6552*** （−6.34） | −0.7716*** （−7.47） | −2.8822*** （−8.74） | −0.6535*** （−6.33） |
| DID | 0.1416*** （4.13） | 0.1555 （1.35） | 0.1352*** （3.99） | 0.1410*** （4.12） | 0.1554 （1.35） | 0.1347*** （3.97） |
| Age | −0.0100*** （−4.32） | −0.0575*** （−7.93） | −0.0077*** （−3.30） | −0.0099*** （−4.25） | −0.0577*** （−7.97） | −0.0075*** （−3.23） |
| _cons | −11.9199*** （−31.29） | 1.4263 （1.12） | −11.9785*** （−31.55） | −11.9500*** （−31.39） | 1.3708 （1.08） | −12.0062*** （−31.64） |
| 年份 | 控制 | 控制 | 控制 | 控制 | 控制 | 控制 |
| 行业 | 控制 | 控制 | 控制 | 控制 | 控制 | 控制 |
| 观测值 | 11674 | 11674 | 11674 | 11674 | 11674 | 11674 |
| 调整后的 $R^2$ | 0.3493 | 0.2892 | 0.3621 | 0.3500 | 0.2893 | 0.3627 |

注：括号内为估计系数的稳健性 T 统计量；*、**、*** 分别表示在 10%、5%、1% 的置信水平上显著。

　　此外，考虑到高管团队的成员有可能兼任董事，且董事会的职责包括决定企业的经营计划和投资方案。因此，本章区分了兼任董事的学者型高管和不兼任董事的学者型高管，分别对模型（3−1）~模型（3−3）进行检验。

区分是否兼任董事的学者型高管的回归结果如表 3-11 所示。其中，第
（1）~（3）列是兼任董事的学者型高管的回归结果，第（4）~（6）列是不兼
任董事的学者型高管的回归结果。可以看出，学者型高管（ACA）的系数在
1% 的置信水平上显著为正；研发投资密度（R&D）的系数在 1% 的置信水平
上显著为正。同时，当加入研发投资密度（R&D）后，学者型高管（ACA）的
回归系数显著为正，但显著性水平有所下降。与上文的研究结论一致。

**表 3-11　区分高管是否兼任董事**

| 变量 | （1）<br>APPLY | （2）<br>R&D | （3）<br>APPLY | （4）<br>APPLY | （5）<br>R&D | （6）<br>APPLY |
|---|---|---|---|---|---|---|
| ACA | 0.1738*** <br>（6.60） | 0.5510*** <br>（5.95） | 0.1512*** <br>（5.77） | 0.2082*** <br>（7.42） | 0.7052*** <br>（6.90） | 0.1796*** <br>（6.39） |
| R&D | | | 0.0409*** <br>（8.13） | | | 0.0406*** <br>（8.13） |
| ROA | 2.6301*** <br>（8.77） | −13.1740*** <br>（−9.82） | 3.1690*** <br>（10.36） | 2.6471*** <br>（8.85） | −13.1163*** <br>（−9.79） | 3.1801*** <br>（10.41） |
| TobinQ | −0.0049 <br>（−0.53） | 0.5078*** <br>（11.80） | −0.0256*** <br>（−2.71） | −0.0058 <br>（−0.63） | 0.5042*** <br>（11.70） | −0.0263*** <br>（−2.77） |
| LEV | 0.1838** <br>（2.21） | −5.6544*** <br>（−16.33） | 0.4151*** <br>（4.79） | 0.1865** <br>（2.25） | −5.6415*** <br>（−16.24） | 0.4157*** <br>（4.81） |
| Opinion | 0.2852*** <br>（2.90） | −2.4919*** <br>（−2.72） | 0.3872*** <br>（3.76） | 0.2909*** <br>（2.96） | −2.4733*** <br>（−2.70） | 0.3914*** <br>（3.81） |
| TOP1 | −0.0026*** <br>（−2.88） | −0.0278*** <br>（−10.66） | −0.0014 <br>（−1.61） | −0.0026*** <br>（−2.92） | −0.0279*** <br>（−10.69） | −0.0015* <br>（−1.66） |
| SIZE | 0.5880*** <br>（34.80） | 0.3353*** <br>（7.04） | 0.5743*** <br>（34.17） | 0.5773*** <br>（34.19） | 0.2989*** <br>（6.27） | 0.5652*** <br>（33.67） |
| PPE | −0.7647*** <br>（−7.40） | −2.8491*** <br>（−8.68） | −0.6481*** <br>（−6.28） | −0.7627*** <br>（−7.40） | −2.8375*** <br>（−8.62） | −0.6474*** <br>（−6.28） |
| DID | 0.1399*** <br>（4.08） | 0.1487 <br>（1.29） | 0.1338*** <br>（3.94） | 0.1468*** <br>（4.29） | 0.1711 <br>（1.49） | 0.1399*** <br>（4.12） |

续表

| 变量 | （1） | （2） | （3） | （4） | （5） | （6） |
|---|---|---|---|---|---|---|
| | APPLY | R&D | APPLY | APPLY | R&D | APPLY |
| Age | −0.0096*** | −0.0558*** | −0.0074*** | −0.0109*** | −0.0594*** | −0.0084*** |
| | （−4.15） | （−7.69） | （−3.16） | （−4.74） | （−8.26） | （−3.68） |
| _cons | −11.9144*** | 1.4261 | −11.9728*** | −11.6703*** | 2.2415* | −11.7614*** |
| | （−31.26） | （1.12） | （−31.52） | （−30.67） | （1.78） | （−31.02） |
| 年份 | 控制 | 控制 | 控制 | 控制 | 控制 | 控制 |
| 行业 | 控制 | 控制 | 控制 | 控制 | 控制 | 控制 |
| 观测值 | 11674 | 11674 | 11674 | 11674 | 11674 | 11674 |
| 调整后的 $R^2$ | 0.3497 | 0.2899 | 0.3624 | 0.3503 | 0.2909 | 0.3627 |

注：括号内为估计系数的稳健性 T 统计量；*、**、*** 分别表示在 10%、5%、1% 的置信水平上显著。

### （三）变更学者型高管的度量指标

本章采用虚拟变量对学者型高管进行度量，为确保研究结果的稳健性，本章借鉴周楷唐等（2017）、沈华玉等（2018）的做法，采用学者型高管占比（ACAP）作为学者型高管的替代度量指标，对模型（3-1）～模型（3-3）进行检验。

变更学者型高管度量指标的检验结果如表 3-12 所示。可以看出，学者型高管占比（ACAP）的系数在 1% 的置信水平上显著为正；研发投资密度（R&D）的系数在 1% 的置信水平上显著为正。同时，当加入研发投资密度（R&D）后，学者型高管（ACAP）的回归系数显著为正，但显著性水平有所下降。与上文的研究结论一致。

表 3-12　学者型高管衡量指标替换的检验

| 变量 | （1） | （2） | （3） |
|---|---|---|---|
| | APPLY | R&D | APPLY |
| ACAP | 0.6531*** | 2.1621*** | 0.5656*** |
| | （8.24） | （7.81） | （7.12） |

续表

| 变量 | （1） | （2） | （3） |
|---|---|---|---|
| | APPLY | R&D | APPLY |
| R&D | | | 0.0404***<br>（8.11） |
| ROA | 2.6448***<br>（8.84） | −13.1254***<br>（−9.79） | 3.1755***<br>（10.40） |
| TobinQ | −0.0054<br>（−0.59） | 0.5058***<br>（11.77） | −0.0258***<br>（−2.73） |
| LEV | 0.1910**<br>（2.30） | −5.6280***<br>（−16.21） | 0.4186***<br>（4.84） |
| Opinion | 0.2848***<br>（2.90） | −2.4935***<br>（−2.72） | 0.3857***<br>（3.75） |
| TOP1 | −0.0026***<br>（−2.96） | −0.0280***<br>（−10.72） | −0.0015*<br>（−1.70） |
| SIZE | 0.5854***<br>（34.74） | 0.3266***<br>（6.85） | 0.5722***<br>（34.13） |
| PPE | −0.7534***<br>（−7.31） | −2.8085***<br>（−8.56） | −0.6398***<br>（−6.21） |
| DID | 0.1394***<br>（4.07） | 0.1465<br>（1.28） | 0.1335***<br>（3.94） |
| Age | −0.0096***<br>（−4.16） | −0.0553***<br>（−7.66） | −0.0074***<br>（−3.19） |
| _cons | −11.8781***<br>（−31.21） | 1.5390<br>（1.21） | −11.9404***<br>（−31.48） |
| 年份 | 控制 | 控制 | 控制 |
| 行业 | 控制 | 控制 | 控制 |
| 观测值 | 11674 | 11674 | 11674 |
| 调整后的 $R^2$ | 0.3509 | 0.2913 | 0.3632 |

注：括号内为 T 值；*、**、*** 分别表示在 10%、5%、1% 的置信水平上显著。

**（四）控制高管的个人特征变量**

考虑研发投资密度与创新绩效可能会受到高管的其他个人特征的影响，本章添加了高管的年龄、性别、教育背景、海外背景等变量作为高管团队个人特征的控制变量，对模型（3-1）~ 模型（3-3）进行检验。

上述高管团队个人特征的控制变量度量方式如下：

（1）年龄（TMTage）为高管团队的平均年龄，采用高管团队的平均年龄进行衡量。

（2）性别（TMTgender）为女性高管占比，在高管的性别进行赋值的基础上（女性赋值为1、男性则为0），计算女性高管占比。

（3）教育背景（TMTedu）为高管团队的平均受教育程度，依次将高管的受教育程度按照初中、高中、本科、硕士、博士分别赋值为1~5，并计算高管团队平均的受教育程度。①

（4）海外背景（TMToversea）为高管团队的海外背景占比，在对高管海外背景进行赋值的基础上（高管具有海外背景赋值为1，否则为0），计算有海外背景的高管占比。

检验结果如表3-13所示，在控制了年龄、性别、教育背景、海外背景之后，学者型高管占比（ACA）的系数在1%的置信水平上显著为正；研发投资密度（R&D）的系数在1%的置信水平上显著为正。同时，当加入研发投资密度（R&D）后，学者型高管（ACA）的回归系数显著为正，但显著性水平有所下降。与上文的研究结论一致。同时，在高管个人特征的控制变量方面，高管的年龄与研发投资密度、创新绩效之间呈负相关关系，说明高管团队年龄越大越保守，与现有研究结论一致；高管的教育背景与研发投资密度、创新绩效之间呈正相关关系，说明高管团队的教育程度促进了企业的创新行为。此外，本章还对多重共线性进行检验，尤其关注高管的学术背景与受教育程度之间是否存在多重共线性，结果显示，VIF数值均小于3，不存在严重的多重共线性问题。

---

① 由于高管团队的学历数据有缺失，导致研究样本减少至10012。

表 3-13  控制高管其他个人特征的回归

| 变量 | （1） | （2） | （3） |
|---|---|---|---|
| | APPLY | R&D | APPLY |
| ACA | 0.1705*** | 0.5456*** | 0.1479*** |
| | （6.37） | （5.88） | （5.56） |
| R&D | | | 0.0415*** |
| | | | （10.68） |
| ROA | 2.8312*** | −14.7121*** | 3.4417*** |
| | （8.50） | （−10.84） | （10.35） |
| TobinQ | −0.0188* | 0.4891*** | −0.0391*** |
| | （−1.89） | （10.99） | （−3.89） |
| LEV | 0.2740*** | −6.0651*** | 0.5257*** |
| | （2.97） | （−14.82） | （5.60） |
| Opinion | 0.1591 | −1.4184** | 0.2180* |
| | （1.43） | （−2.16） | （1.92） |
| TOP1 | −0.0015 | −0.0280*** | −0.0003 |
| | （−1.54） | （−10.09） | （−0.36） |
| SIZE | 0.5690*** | 0.2294*** | 0.5595*** |
| | （29.06） | （4.25） | （28.87） |
| PPE | −0.5950*** | −3.0596*** | −0.4681*** |
| | （−5.05） | （−8.25） | （−4.04） |
| DID | 0.1782*** | 0.1764 | 0.1708*** |
| | （4.67） | （1.30） | （4.52） |
| Age | −0.0096*** | −0.0577*** | −0.0072** |
| | （−3.38） | （−6.65） | （−2.56） |
| TMTage | −0.0214*** | −0.0165 | −0.0207*** |
| | （−5.77） | （−1.42） | （−5.66） |
| TMTgender | −0.0949 | −0.4626 | −0.0757 |
| | （−0.59） | （−0.99） | （−0.47） |

续表

| 变量 | （1） | （2） | （3） |
|---|---|---|---|
| | APPLY | R&D | APPLY |
| TMToversea | 0.0081 | 1.2783*** | −0.0450 |
| | （0.07） | （3.12） | （−0.41） |
| TMTedu | 0.2089*** | 0.9828*** | 0.1682*** |
| | （8.17） | （10.27） | （6.57） |
| _cons | −11.1873*** | 0.9725 | −11.2276*** |
| | （−24.42） | （0.79） | （−24.69） |
| 年份 | 控制 | 控制 | 控制 |
| 行业 | 控制 | 控制 | 控制 |
| 观测值 | 9391 | 9391 | 9391 |
| 调整后的 $R^2$ | 0.3656 | 0.3204 | 0.3780 |

注：括号内为 T 值；*、**、*** 分别表示在 10%、5%、1% 的置信水平上显著。

## （五）增加控制变量

考虑到实证结果可能会受到控制变量遗漏的影响，本章在原有模型的基础上，加入或变更了可能影响创新绩效的变量，具体包括净资产收益率（ROE）、账面市值比（MB）、两职兼任（DUAL）和企业生命周期（Life1~5）。其中，企业生命周期的界定参考陈汉文和程智荣（2015）的划分标准。

变更 / 替换控制变量的回归结果如表 3-14 所示，学者型高管占比（ACA）的系数在 1% 的置信水平上显著为正；研发投资密度（R&D）的系数在 1% 的置信水平上显著为正。同时，当加入研发投资密度（R&D）之后，学者型高管（ACA）的回归系数显著为正，但显著性水平有所下降。与上文的研究结论一致。

表 3-14 变更替换控制变量的回归结果

| 变量 | （1） | （2） | （3） |
|---|---|---|---|
| | APPLY | R&D | APPLY |
| ACA | 0.1853*** | 0.6582*** | 0.1607*** |
| | （7.52） | （7.82） | （6.53） |

| 变量 | （1） | （2） | （3） |
|---|---|---|---|
| | APPLY | R&D | APPLY |
| R&D | | | 0.0374*** |
| | | | （8.02） |
| LEV | 0.1219 | −4.6722*** | 0.2966*** |
| | （1.47） | （−14.79） | （3.51） |
| Opinion | 0.2728*** | −2.5684*** | 0.3688*** |
| | （2.70） | （−2.75） | （3.51） |
| TOP1 | −0.0027*** | −0.0262*** | −0.0017* |
| | （−3.02） | （−9.70） | （−1.93） |
| SIZE | 0.6229*** | 0.3526*** | 0.6097*** |
| | （34.37） | （6.15） | （33.90） |
| PPE | −0.7653*** | −2.6798*** | −0.6652*** |
| | （−7.20） | （−7.63） | （−6.26） |
| DID | 0.1221*** | 0.0328 | 0.1208*** |
| | （3.54） | （0.26） | （3.54） |
| Age | −0.0086*** | −0.0477*** | −0.0068*** |
| | （−3.63） | （−6.28） | （−2.88） |
| ROE | 1.1414*** | −6.2743*** | 1.3760*** |
| | （7.00） | （−8.10） | （8.31） |
| MB | −0.3790*** | −3.6341*** | −0.2431*** |
| | （−4.42） | （−11.60） | （−2.81） |
| DUAL | 0.0365 | 0.2136** | 0.0285 |
| | （1.37） | （2.32） | （1.08） |
| Life1 | −0.2450 | −3.0268 | −0.1319 |
| | （−0.88） | （−0.97） | （−0.48） |
| Life2 | −0.0892 | −2.7025 | 0.0118 |
| | （−0.32） | （−0.87） | （0.04） |
| Life3 | −0.1090 | −2.7125 | −0.0076 |
| | （−0.39） | （−0.87） | （−0.03） |

续表

| 变量 | （1）APPLY | （2）R&D | （3）APPLY |
|---|---|---|---|
| Life4 | −0.2634<br>（−0.95） | −2.8127<br>（−0.90） | −0.1582<br>（−0.58） |
| Life5 | −0.2565<br>（−0.91） | −2.7643<br>（−0.88） | −0.1532<br>（−0.55） |
| _cons | −12.2621***<br>（−26.24） | 6.0910*<br>（1.83） | −12.4898***<br>（−27.01） |
| 年份 | 控制 | 控制 | 控制 |
| 行业 | 控制 | 控制 | 控制 |
| 观测值 | 11560 | 11560 | 11560 |
| 调整后的 $R^2$ | 0.3558 | 0.2869 | 0.3665 |

注：括号内为估计系数的稳健性 T 统计量；*、**、*** 分别表示在 10%、5%、1% 的置信水平上显著。

### （六）聚类处理

为了防止公司个体因素的影响，避免误差项出现聚类现象，从而导致 T 统计量被高估，本章按照公司对标准误差进行了聚类处理（Clustered by Firm），对模型（3-1）～模型（3-3）进行检验。

聚类处理的回归结果如表 3-15 所示，学者型高管占比（ACA）的系数在 1% 的置信水平上显著为正；研发投资密度（R&D）的系数在 1% 的置信水平上显著为正。同时，当加入研发投资密度（R&D）之后，学者型高管（ACA）的回归系数显著为正，但显著性水平有所下降。与上文的研究结论一致。

表 3-15　聚类处理的回归结果

| 变量 | （1）APPLY | （2）R&D | （3）APPLY |
|---|---|---|---|
| ACA | 0.2029***<br>（5.00） | 0.7189***<br>（5.01） | 0.1740***<br>（4.32） |

续表

| 变量 | （1） | （2） | （3） |
|---|---|---|---|
| | APPLY | R&D | APPLY |
| R&D | | | 0.0403*** |
| | | | （5.16） |
| ROA | 2.6154*** | −13.2259*** | 3.1478*** |
| | （6.00） | （−7.38） | （7.07） |
| TobinQ | −0.0063 | 0.5020*** | −0.0265* |
| | （−0.47） | （8.28） | （−1.95） |
| LEV | 0.1950 | −5.6083*** | 0.4208*** |
| | （1.42） | （−9.24） | （2.99） |
| Opinion | 0.2895** | −2.4773* | 0.3893*** |
| | （2.43） | （−1.76） | （3.06） |
| TOP1 | −0.0024 | −0.0273*** | −0.0013 |
| | （−1.47） | （−5.26） | （−0.82） |
| SIZE | 0.5801*** | 0.3068*** | 0.5677*** |
| | （18.58） | （3.49） | （18.40） |
| PPE | −0.7575*** | −2.8148*** | −0.6442*** |
| | （−4.09） | （−5.03） | （−3.51） |
| DID | 0.1400*** | 0.1473 | 0.1341*** |
| | （3.08） | （1.07） | （2.99） |
| Age | −0.0091** | −0.0529*** | −0.0069 |
| | （−2.13） | （−4.45） | （−1.64） |
| _cons | −11.7888*** | 1.8520 | −11.8633*** |
| | （−17.63） | （0.88） | （−17.94） |
| 年份 | 控制 | 控制 | 控制 |
| 行业 | 控制 | 控制 | 控制 |
| 观测值 | 11674 | 11674 | 11674 |
| 调整后的 $R^2$ | 0.3511 | 0.2921 | 0.3633 |

注：括号内为估计系数的稳健性 T 统计量；*、**、*** 分别表示在 10%、5%、1% 的置信水平上显著。

### （七）样本选择偏差

考虑到实证结果可能会受到样本选择偏差的影响，本章重新构建了一个子样本，对模型（3–1）~模型（3–3）进行检验。具体而言，本章剔除了创业板公司（创业板公司主要是创新型公司，其创新行为与其他板块的上市公司存在一定的差异）后进行检验。

子样本的回归结果，学者型高管占比（ACA）的系数在 1% 的置信水平上显著为正；研发投资密度（R&D）的系数在 1% 的置信水平上显著为正。同时，当加入研发投资密度（R&D）之后，学者型高管（ACA）的回归系数显著为正，但显著性水平有所下降。与上文的研究结论一致。

表 3–16　子样本回归结果

| 变量 | （1）APPLY | （2）R&D | （3）APPLY |
|---|---|---|---|
| ACA | 0.2154*** <br>（7.51） | 0.5448*** <br>（6.54） | 0.1854*** <br>（6.42） |
| R&D | | | 0.0551*** <br>（6.05） |
| ROA | 2.7901*** <br>（8.25） | −6.9856*** <br>（−5.22） | 3.1750*** <br>（9.25） |
| TobinQ | −0.0116 <br>（−1.06） | 0.4433*** <br>（9.01） | −0.0360*** <br>（−3.06） |
| LEV | 0.1914** <br>（2.01） | −3.6522*** <br>（−11.26） | 0.3926*** <br>（3.93） |
| Opinion | 0.3143*** <br>（2.91） | −2.2284** <br>（−2.14） | 0.4370*** <br>（3.84） |
| TOP1 | −0.0029*** <br>（−2.81） | −0.0216*** <br>（−8.70） | −0.0017* <br>（−1.65） |
| SIZE | 0.5773*** <br>（31.13） | 0.2007*** <br>（4.44） | 0.5663*** <br>（30.82） |
| PPE | −0.8361*** <br>（−7.29） | −1.6062*** <br>（−5.02） | −0.7476*** <br>（−6.56） |

续表

| 变量 | （1） | （2） | （3） |
|---|---|---|---|
| | APPLY | R&D | APPLY |
| DID | 0.1584*** | 0.1233 | 0.1516*** |
| | （4.16） | （1.15） | （4.05） |
| Age | −0.0085*** | −0.0376*** | −0.0065*** |
| | （−3.42） | （−5.27） | （−2.59） |
| _cons | −11.7777*** | 1.8009 | −11.8769*** |
| | （−28.16） | （1.43） | （−28.54） |
| 年份 | 控制 | 控制 | 控制 |
| 行业 | 控制 | 控制 | 控制 |
| 观测值 | 9283 | 9283 | 9283 |
| 调整后的 $R^2$ | 0.3583 | 0.2574 | 0.3752 |

注：括号内为估计系数的稳健性 T 统计量；*、**、*** 分别表示在 10%、5%、1% 的置信水平上显著。

## 六、进一步检验

### （一）基于创新动机的检验

黎文婧和郑曼妮（2016）将专利申请中"高质量"的发明申请行为认定为实质性创新，将实用新型和外观设计的申请行为认定为策略性创新，研究产业政策激励对国有企业和非高科技企业的实质性创新和策略性创新的影响。研究发现，受产业政策激烈的影响，国有企业和非高科技企业的专利申请显著增加，但只是非发明专利显著增加，追求"数量"而忽略"质量"。通过上述研究设计，反映了政策影响下的企业创新动机。因此，本章借鉴黎文婧和郑曼妮（2016）的研究设计思路，将专利申请分为实质性创新和策略性创新两部分，分别检验学者型高管对细分创新绩效的影响，从而判断学者型高管的创新动机。

实质性创新和策略性创新的回归结果如表 3-17 所示。其中，第（1）列是实质性创新的回归结果；第（2）列是策略性创新的回归结果。可以看出，学者型高管占比（ACA）的系数在 1% 的置信水平上显著为正，支持假设 H2。同时，从经济学意义上看，第（1）列的 ACA 回归系数大于第（2）列的 ACA

回归系数，说明学者型高管对实质性创新的边际促进作用相对较大。而从统计学意义上看，本章使用基于似无相关模型（SUR）对实质性创新和策略性创新之间的回归系数差异进行检验，结果显示，第（1）列和第（2）列的 ACA 回归系数差异在 1% 的置信水平上显著，说明学者型高管对实质性创新的促进作用更加明显。

表 3-17　创新动机的检验

| 变量 | （1） | （2） |
|---|---|---|
| | IAPPLY（实质性创新） | UAPPLY+DAPPLY（策略性创新） |
| ACA | $0.2710^{***}$<br>（11.41） | $0.0673^{***}$<br>（2.74） |
| ROA | $1.5910^{***}$<br>（5.59） | $2.3346^{***}$<br>（7.73） |
| TobinQ | $0.0340^{***}$<br>（3.96） | $-0.0251^{***}$<br>（-2.80） |
| LEV | 0.0397<br>（0.50） | $0.3548^{***}$<br>（4.25） |
| Opinion | $0.2899^{***}$<br>（3.25） | $0.2332^{**}$<br>（2.55） |
| TOP1 | $-0.0039^{***}$<br>（-4.52） | -0.0005<br>（-0.59） |
| SIZE | $0.6095^{***}$<br>（35.98） | $0.4762^{***}$<br>（29.63） |
| PPE | $-0.7835^{***}$<br>（-8.08） | $-0.5330^{***}$<br>（-5.25） |
| DID | $0.1493^{***}$<br>（4.61） | $0.1109^{***}$<br>（3.26） |
| Age | $-0.0054^{**}$<br>（-2.38） | $-0.0084^{***}$<br>（-3.61） |

| 变量 | （1） | （2） |
|---|---|---|
| | IAPPLY（实质性创新） | UAPPLY+DAPPLY（策略性创新） |
| _cons | −12.7190*** <br> （−34.01） | −10.1744*** <br> （−28.24） |
| 年份 | 控制 | 控制 |
| 行业 | 控制 | 控制 |
| 观测值 | 11674 | 11674 |
| 调整后的 R² | 0.3110 | 0.3570 |

注：括号内为估计系数的稳健性 T 统计量；*、**、*** 分别表示在 10%、5%、1% 的置信水平上显著。

### （二）基于人力资源和财务资源的检验

现有研究发现，财务资源和人力资源是影响企业创新行为的主要因素。为此，本章从财务资源和人力资源两个视角，对学者型高管影响创新绩效和研发投资密度的机制进行检验。具体而言，本章分别构建模型（3-5）和模型（3-6）进行检验。其中，模型（3-5）以研发人员占比作为因变量，反映参与研发人员的数量；模型（3-6）以债务融资成本作为因变量，用以反映企业财务资源。

$$R\&D\_Person\_Ratio_t=\alpha_0+\alpha_1 ACA_t+\sum_{i=1}^{n}\alpha_{2i}CONTROL_i+\sum_{j=1}^{n}\alpha_{3j}IND_j+ \tag{3-5}$$
$$\sum_{k=1}^{n}\alpha_{4i}YEAR_k+e_i$$

$$DebtCost_t=\alpha_0+\alpha_1 ACA_t+\sum_{i=1}^{n}\alpha_{2i}CONTROL_i+\sum_{j=1}^{n}\alpha_{3j}IND_j+\sum_{k=1}^{n}\alpha_{4i}YEAR_k+e_i \tag{3-6}$$

影响机制检验的结果如表 3-18 所示。可以看出，第（1）列中，学者型高管（ACA）的系数在 10% 的置信水平上显著为正，说明学者型高管促进企业聘任更多的研发人员，提高了企业研发人员占比；第（2）列中，学者型高管（ACA）的系数在 5% 的置信水平上显著为负，说明学者型高管有助于降低企业的债务融资成本，提高了企业的债务融资能力，反映了学者型高管提高了企业获取财务资源的能力。综上所述，学者型高管能够通过人力资源和财务资源两个途径影响企业的创新行为。

表 3-18　创新绩效的机制检验

| 变量 | （1） | （2） |
|---|---|---|
| | R&D_Person_Ratio | DebtCost |
| ACA | 0.0563* | −0.0019** |
| | （1.94） | （−2.17） |
| ROA | −16.3543*** | −0.0338*** |
| | （−38.18） | （−9.12） |
| TobinQ | 0.2548*** | −0.0004*** |
| | （18.64） | （−3.32） |
| LEV | 6.8852*** | 0.0272*** |
| | （66.97） | （27.16） |
| Opinion | 0.5190*** | −0.0000 |
| | （4.41） | （−0.04） |
| TOP1 | −0.0059*** | −0.0001*** |
| | （−5.89） | （−11.21） |
| SIZE | −0.2454*** | −0.0007*** |
| | （−13.48） | （−4.26） |
| PPE | 0.6906*** | 0.0213*** |
| | （6.54） | （19.66） |
| DID | −0.4409*** | −0.0014*** |
| | （−12.09） | （−3.69） |
| Age | 0.0280*** | −0.0002*** |
| | （10.47） | （−6.89） |
| _cons | 4.4446*** | 0.0485*** |
| | （10.36） | （12.38） |
| 年份 | 控制 | 控制 |
| 行业 | 控制 | 控制 |
| 观测值 | 5678 | 9870 |
| 调整后的 $R^2$ | 0.3838 | 0.2922 |

注：括号内为估计系数的稳健性 T 统计量；*、**、*** 分别表示在 10%、5%、1% 的置信水平上显著。

### （三）基于产品市场的检验

现有研究产品市场会对企业研发创新行为产生影响。为此，本章从供应链集中度和产品市场竞争两个维度，对企业研发投资密度进行检验。具体而言，本章以提前一期的研发投资密度为因变量，分别构建模型（3-7）、模型（3-8）和模型（3-9）进行检验。其中，模型（3-7）的自变量为学者型高管（ACA）、客户集中度（CUS）和学者型高管与客户集中度的交乘项（CUS×ACA），通过考察交乘项的系数来检验客户议价能力对企业研发投资行为的影响；模型（3-8）的自变量为学者型高管（ACA）、供应商集中度（SUP）和学者型高管与供应商集中度的交乘项（SUP×ACA），通过考察交乘项的系数来检验供应商议价能力对企业研发投资行为的影响；模型（3-9）的自变量为学者型高管（ACA）、产品市场竞争（MCL）和融资约束（KZ）三者以及三者之间彼此形成的交乘项，通过考察交乘项的系数来联合检验产品市场竞争和融资约束对企业研发投资行为的影响。

在模型（3-7）~模型（3-9）中，客户集中度、供应商集中度和产品市场竞争的衡量方式如下：

（1）客户集中度。在 Patatoukas（2012）、方红星等（2017）对客户集中度赋值的基础上，本章采用行业均值调整后的客户集中度赫芬达尔指数反映客户集中度，并记为 CUS。具体的计算方法如下：首先，从财务报表附注中获取前五大主要客户销售额，并计算前五大客户销售额占比的平方和（赫芬达尔指数）。其次，为消除研究样本的行业差异造成的影响，将上述计算所得的赫芬达尔指数减去分年度的行业均值，所得结果作为客户集中度的衡量指标。CUS数值越大，表示客户集中度越高。

（2）供应商集中度。与客户集中度的计算原理一致，本章采用行业均值调整后的供应商集中度赫芬达尔指数来反映供应商集中度，并记为 SUP。具体的计算方法如下：首先，从财务报表附注中获取前五大主要供应商集中度采购额，并计算前五大供应商采购额占比的平方和（赫芬达尔指数）。其次，为消除研究样本的行业差异造成的影响，将上述计算所得的赫芬达尔指数减去分年度的行业均值，所得结果作为供应商集中度的衡量指标。SUP 数值越大，表示供应商集中度越高。

（3）产品市场竞争。本章借鉴姜付秀等（2009）、Dhaliwal 等（2014）、袁知柱等（2017）对产品市场竞争赋值的方法，采用行业竞争程度作为产品市场竞争的替代衡量指标。具体的计算方法如下：首先计算各个公司营业收入占行业总营业收入的占比。其次分行业计算各个公司营业收入占行业比重的平方和（赫芬达尔指数）。最后取上述平方和的相反数（赫芬达尔指数的相反数）表示产品市场竞争程度，并记为 MCL。MCL 数值越大，表示产品市场竞争程度越强。

（4）融资约束。本章借鉴 Kaplan 等（1997）构建的融资约束指数，以反映企业的融资约束水平，并记为 KZ。KZ 数值越大，表示企业受到的融资约束程度越大。

$$R\&D_t=\alpha_0+\alpha_1 ACA_t+\alpha_2 CUS_t+\alpha_3 CUS_t\times ACA_t+\alpha_{4i}\sum_{i=1}^{n}Control_i+$$
$$\sum_{j=1}^{n}\alpha_{5i}Ind_j+\sum_{k=1}^{n}\alpha_{6i}Year_k+e_i \tag{3-7}$$

$$R\&D_t=\alpha_0+\alpha_1 ACA_t+\alpha_2 SUP_t+\alpha_3 SUP_t+ACA_t+\alpha_{4i}\sum_{i=1}^{n}Control_i+$$
$$\sum_{j=1}^{n}\alpha_{5i}Ind_j+\sum_{k=1}^{n}\alpha_{6i}Year_k+e_i \tag{3-8}$$

$$R\&D_t=\alpha_0+\alpha_1 ACA_t+\alpha_2 MCL_t+\alpha_3 KZ+\alpha_4 MCL_t\times ACA_t+\alpha_5 MCL_t\times KZ_t+\alpha_6 ACA_t\times$$
$$KZ_t+\alpha_7 MCL_t\times KZ_t\times ACA_t+\alpha_{8i}\sum_{i=1}^{n}Control_i+\sum_{j=1}^{n}\alpha_{9j}Ind_j+\sum_{k=1}^{n}\alpha_{10i}Year_k+e_i \tag{3-9}$$

基于产品市场的检验结果如表 3-19 所示，第（1）~（3）列分别是模型（3-7）、模型（3-8）和模型（3-9）的检验结果。可以看出：

（1）在第（1）列中，学者型高管（ACA）的系数在 1% 的置信水平上显著为正，与上文的研究结论一致；客户集中度（CUS）的回归系数在 1% 的置信水平上显著为负，说明买方市场强势，会降低企业的盈利空间和内源融资能力，造成融资约束效应，抑制企业的研发与创新投入；学者型高管与客户集中度的交乘项（CUS×ACA）的系数在 5% 的置信水平上显著为正，说明学者型高管能够缓解客户集中度对企业研发投入的抑制作用。

（2）在第（2）列中，学者型高管（ACA）的系数在 1% 的置信水平上显著为正，与上文的研究结论一致；供应商集中度（SUP）的回归系数在 1% 的置信水平上显著为负，说明供应商集中度越高，意味着供应商的议价能力越强，会侵占企业的利润，抑制企业的研发与创新投入；学者型高管与供应商集中度的交乘项（SUP×ACA）的系数在 5% 的置信水平上显著为正，说明学者型高管能够缓解供应商集中度对企业研发投入的抑制作用。

（3）在第（3）列中，学者型高管（ACA）的系数在1%的置信水平上显著为正，与上文的研究结论一致；产品市场竞争（MCL）、融资约束（KZ）的回归系数为负，说明产品市场竞争越激烈，融资约束水平越高，均会抑制企业研发创新的投入[①]；产品市场竞争和融资约束的交乘项（MCL×KZ）的系数在1%的置信水平上显著为正，说明产品市场竞争对企业创新投入的负面影响，在融资约束程度更大的企业中更为明显，支持现有研究成果提出的产品竞争市场的融资约束效应；学者型高管、产品市场竞争和融资约束的交乘项（MCL×ACA×KZ）的系数在1%的置信水平上显著为正，说明学者型高管对企业创新投入的促进作用，在产品市场竞争激烈且受融资约束比较大的企业中更为显著。

表3-19　基于产品市场的检验

| 变量 | （1） | （2） | （3） |
|---|---|---|---|
| | R&D | R&D | R&D |
| ACA | 0.7447*** <br> （7.69） | 0.7416*** <br> （6.80） | 0.6799*** <br> （6.05） |
| CUS×ACA | 2.6658** <br> （1.99） | | |
| SUP×ACA | | 2.9474** <br> （2.38） | |
| MCL×ACA | | | −1.3855 <br> （−0.93） |
| KZ×ACA | | | 0.0091 <br> （0.18） |
| MCL×KZ | | | 0.7521** <br> （2.19） |

① MCL的回归系数不显著，但单独以研发投资密度为因变量、产品市场竞争为自变量并控制上述控制变量的回归结果显示，MCL的系数在10%的置信水平上显著为负。这可能是加入的交乘项的间接效应抵消了MCL的主效应。同理，KZ的回归系数不显著，但单独回归时，KZ的系数在10%的置信水平上显著。

续表

| 变量 | （1） | （2） | （3） |
|---|---|---|---|
| | R&D | R&D | R&D |
| MCL × ACA × KZ | | | 1.7975*** |
| | | | （2.99） |
| CUS | −1.4367*** | | |
| | （−3.22） | | |
| SUP | | −1.8727*** | |
| | | （−3.38） | |
| MCL | | | −3.0569 |
| | | | （−1.31） |
| KZ | | | 0.0490 |
| | | | （1.34） |
| ROA | −9.3992*** | −9.1927*** | −9.4305*** |
| | （−6.47） | （−5.66） | （−5.83） |
| TobinQ | 0.4725*** | 0.4680*** | 0.4773*** |
| | （10.03） | （9.06） | （10.13） |
| LEV | −5.5561*** | −5.4924*** | −5.1627*** |
| | （−15.48） | （−13.21） | （−13.52） |
| Opinion | −2.9676*** | −2.7553** | −2.8733*** |
| | （−2.80） | （−2.21） | （−2.75） |
| TOP1 | −0.0302*** | −0.0304*** | −0.0300*** |
| | （−9.95） | （−9.30） | （−9.90） |
| SIZE | 0.3158*** | 0.3322*** | 0.2880*** |
| | （5.62） | （5.22） | （5.31） |
| PPE | −2.9721*** | −3.0003*** | −3.2743*** |
| | （−8.47） | （−7.41） | （−9.45） |
| DID | 0.2086* | 0.1245 | 0.1757 |
| | （1.77） | （0.86） | （1.45） |

| 变量 | （1） | （2） | （3） |
|------|------|------|------|
|      | R&D | R&D | R&D |
| Age | $-0.0440^{***}$ | $-0.0481^{***}$ | $-0.0472^{***}$ |
|     | （$-5.81$） | （$-5.95$） | （$-6.39$） |
| _cons | $2.4910^{*}$ | $1.2804$ | $2.4966^{*}$ |
|       | （1.74） | （0.86） | （1.68） |
| 年份 | 控制 | 控制 | 控制 |
| 行业 | 控制 | 控制 | 控制 |
| 观测值 | 8447 | 6618 | 8725 |
| 调整后的 $R^2$ | 0.3116 | 0.2994 | 0.3230 |

注：括号内为估计系数的稳健性 T 统计量；*、**、*** 分别表示在 10%、5%、1% 的置信水平上显著。

### （四）创新绩效的再检验

1. 基于企业性质的进一步分析

以上的研究成果表明，学者型高管对实质性创新的促进作用明显高于策略性创新。黎文婧和郑曼妮（2016）研究发现，企业性质影响着企业实施实质性创新或策略性创新的决策。因此，本章将研究学者型高管对创新绩效、实质性创新和策略性创新的影响，在国有企业和非国有企业之间的差异。具体而言，本章在模型（3-1）的基础上加入企业性质的虚拟变量和企业性质与学者型高管的交乘项进行检验，具体如模型（3-10）所示：

$$APPLY_t = \alpha_0 + \alpha_1 ACA_t + \alpha_2 STATE + \alpha_3 STATE \times ACA_t + \sum_{i=1}^{n} \alpha_{4i} CONTROL_i +$$
$$\sum_{j=1}^{n} \alpha_{5j} IND_j + \sum_{k=1}^{n} \alpha_{6i} YEAR_k + e_i \qquad （3-10）$$

其中，企业性质的变量度量方式为：如果样本为国有控股企业，则赋值为 1，否则为 0。

基于企业性质进行检验的结果如表 3-20 所示。其中，第（1）~（3）列的因变量分别为企业创新绩效、实质性创新和策略性创新。可以看出：

第（1）列中，学者型高管（ACA）的系数在 1% 的置信水平上显著为正，与上文的研究结论一致；学者型高管与企业性质的交乘项（STATE×ACA）不显著，说明学者型高管对企业创新绩效的影响在国有企业与非国有企业之间不存在差异。

第（2）列中，学者型高管（ACA）的系数在1%的置信水平上显著为正，与上文的研究结论一致；学者型高管与企业性质的交乘项（STATE×ACA）在1%的置信水平上显著为正，说明学者型高管对国有企业的实质性创新的影响更为明显，可能是因为国有企业的资源相对较为充足，学者型高管能够发挥更大的作用，能够缓解国有企业受产业政策激励影响而偏好策略性创新所带来的不利影响。

第（3）列中，学者型高管（ACA）的系数在1%的置信水平上显著为正，与上文的研究结论一致；学者型高管与企业性质的交乘项（STATE×ACA）不显著，说明学者型高管对策略性创新的影响在国有企业与非国有企业之间不存在差异。

表3-20　创新绩效的再检验（企业性质）

| 变量 | （1） | （2） | （3） |
|---|---|---|---|
| | APPLY | IAPPLY | UAPPLY+DAPPLY |
| ACA | 0.1949*** | 0.2293*** | 0.0822*** |
| | （7.04） | （8.54） | （2.90） |
| STATE | 0.0557 | 0.1157*** | 0.0012 |
| | （1.46） | （3.13） | （0.03） |
| STATE×ACA | 0.0395 | 0.1535*** | −0.0380 |
| | （0.71） | （2.79） | （−0.69） |
| ROA | 2.5996*** | 1.6886*** | 2.2407*** |
| | （8.58） | （5.87） | （7.35） |
| TobinQ | −0.0078 | 0.0315*** | −0.0250*** |
| | （−0.85） | （3.66） | （−2.77） |
| LEV | 0.1719** | 0.0168 | 0.3346*** |
| | （2.06） | （0.21） | （3.99） |
| Opinion | 0.2654*** | 0.2522*** | 0.2185** |
| | （2.68） | （2.80） | （2.37） |

| 变量 | （1） | （2） | （3） |
|---|---|---|---|
| | APPLY | IAPPLY | UAPPLY+DAPPLY |
| TOP1 | −0.0028*** | −0.0046*** | −0.0007 |
| | （−3.07） | （−5.22） | （−0.75） |
| SIZE | 0.5757*** | 0.5971*** | 0.4786*** |
| | （33.70） | （34.94） | （29.28） |
| PPE | −0.7835*** | −0.8207*** | −0.5520*** |
| | （−7.57） | （−8.43） | （−5.40） |
| DID | 0.1374*** | 0.1463*** | 0.1083*** |
| | （4.00） | （4.52） | （3.18） |
| Age | −0.0116*** | −0.0107*** | −0.0088*** |
| | （−4.54） | （−4.28） | （−3.42） |
| _cons | −11.6499*** | −12.3845*** | −10.1941*** |
| | （−30.32） | （−32.84） | （−27.88） |
| 年份 | 控制 | 控制 | 控制 |
| 行业 | 控制 | 控制 | 控制 |
| 观测值 | 11674 | 11674 | 11674 |
| 调整后的 $R^2$ | 0.3527 | 0.3177 | 0.3570 |

注：括号内为估计系数的稳健性 T 统计量；*、**、*** 分别表示在 10%、5%、1% 的置信水平上显著。

2. 基于高科技企业的进一步分析

与一般企业不同，加大研发投入是高科技企业获取并保持核心竞争力的很重要的途径。高科技企业的创新活动的影响因素十分复杂，高管团队的背景与经历是影响公司研发和创新的关键因素（李莉等，2014；彭红星和毛新述，2017）。根据高科技企业的认定标准，高科技企业将更多的资源配置在研发创新方面，具体包括拥有更多的研发人员、更高比例的研发投资密度等。因此，本章将研究学者型高管对高科技企业创新绩效的影响，是否有别于非高科技企业。具体而言，为此，本章参考 OECD 规定的高科技企业界定标准、彭红星和毛新述（2017）对高科技企业的划分方法对高科技企业进行界定[①]，在模型（3-1）的基础上加入了高科技企业的虚拟变量（Hightec）和高科技企业与学者型高管（ACA）的交乘项进行检验，具体的回归模型如模型（3-11）所示。

$$APPLY_t = a_0 + a_1 ACA_t + a_2 Hightec + a_3 Hightec \times ACA_t + \sum_{i=1}^{n} a_{4i} CONTROL_i +$$
$$\sum_{j=1}^{n} a_{5j} IND_j + \sum_{k=1}^{n} a_{6i} YEAR_k + e_i \tag{3-11}$$

基于高科技企业进行检验的结果如表 3-21 所示。其中，第（1）~（3）列的因变量分别为企业创新绩效、实质性创新和策略性创新。可以看出：

第（1）列中，学者型高管（ACA）的系数在 1% 的置信水平上显著为正，与上文的研究结论一致；学者型高管与高科技企业的交乘项（Hightec×ACA）不显著，说明学者型高管对企业创新绩效的影响，在高科技企业与非高科技企业之间不存在差异。

第（2）列中，学者型高管（ACA）的系数在 1% 的置信水平上显著为正，与上文的研究结论一致；学者型高管与高科技企业的交乘项（Hightec×ACA）在 1% 的置信水平上显著为正，说明学者型高管对高科技企业的实质性创新的影响更为明显。

第（3）列中，学者型高管（ACA）的系数在 1% 的置信水平上显著为正，与上文的研究结论一致；学者型高管与高科技企业的交乘项（Hightec×ACA）不显著，说明学者型高管对策略性创新的影响，在高科技企业与非高科技企业之间不存在差异。

表 3-21　创新绩效的再检验（高科技企业）

| 变量 | （1） | （2） | （3） |
|---|---|---|---|
| | APPLY | IAPPLY | UAPPLY+DAPPLY |
| ACA | 0.1520*** | 0.1681*** | 0.0343 |
| | （3.18） | （3.91） | （0.71） |

---

① 彭红星和毛新述（2017）借鉴《战略性新兴产业分类目录》《战略性新兴产业分类（2012）（试行）》和经济合作与发展组织（OECD）相关文件，对照《上市公司行业分类指引（2012）》，认为高科技行业包括制造业、信息传输、软件和信息技术服务业、科学研究和技术服务业。具体包括 C25、C26、C27、C28、C29、C31、C32、C34、C35、C36、C37、C38、C39、C40、C41、I63、I64、I65 和 M73。

续表

| 变量 | （1） | （2） | （3） |
|---|---|---|---|
| | APPLY | IAPPLY | UAPPLY+DAPPLY |
| Hightec | 0.1860*** | 0.3483*** | 0.0291 |
| | （4.09） | （8.79） | （0.61） |
| Hightec × ACA | 0.0655 | 0.1331*** | 0.0449 |
| | （1.19） | （2.62） | （0.81） |
| ROA | 2.6064*** | 1.5727*** | 2.3282*** |
| | （8.72） | （5.55） | （7.71） |
| TobinQ | −0.0090 | 0.0290*** | −0.0257*** |
| | （−0.98） | （3.38） | （−2.85） |
| LEV | 0.2111** | 0.0701 | 0.3583*** |
| | （2.54） | （0.88） | （4.28） |
| Opinion | 0.2924*** | 0.2956*** | 0.2343** |
| | （2.99） | （3.30） | （2.56） |
| TOP1 | −0.0024*** | −0.0038*** | −0.0005 |
| | （−2.73） | （−4.50） | （−0.58） |
| SIZE | 0.5775*** | 0.6047*** | 0.4759*** |
| | （34.24） | （35.92） | （29.56） |
| PPE | −0.7097*** | −0.6933*** | −0.5229*** |
| | （−6.91） | （−7.20） | （−5.13） |
| DID | 0.1426*** | 0.1542*** | 0.1117*** |
| | （4.17） | （4.78） | （3.28） |
| Age | −0.0094*** | −0.0061*** | −0.0085*** |
| | （−4.08） | （−2.69） | （−3.65） |
| _cons | −11.7317*** | −12.6099*** | −10.1578*** |
| | （−30.84） | （−33.83） | （−28.18） |
| 年份 | 控制 | 控制 | 控制 |

续表

| 变量 | （1） | （2） | （3） |
|---|---|---|---|
| | APPLY | IAPPLY | UAPPLY+DAPPLY |
| 行业 | 控制 | 控制 | 控制 |
| 观测值 | 11674 | 11674 | 11674 |
| 调整后的 $R^2$ | 0.3527 | 0.3177 | 0.3570 |

注：括号内为估计系数的稳健性 T 统计量；*、**、*** 分别表示在10%、5%、1% 的置信水平上显著。

### （五）研发投资密度的再检验

现有研究发现，企业研发投资密度受多种因素的影响。为此，本章将检验企业研发投资密度在高科技行业与非高科技行业、国企与非国企中可能存在的差异性。具体而言，本章在模型（3-3）的基础上分别加入了高科技企业的虚拟变量和高科技企业与学者型高管的交乘项（Hightec × ACA）、企业性质和企业性质与学者型高管的交乘项（STATE × ACA）进行检验，具体回归模型如模型（3-12）和模型（3-13）所示。

$$R\&D_t=\alpha_0+\alpha_1ACA_t+\alpha_2Hightec+\alpha_3Hightec \times ACA_t+\sum_{i=1}^{n}\alpha_{4i}CONTROL_i+$$
$$\sum_{j=1}^{n}\alpha_{5j}IND_j+\sum_{k=1}^{n}\alpha_{6i}YEAR_k+e_i \quad （3-12）$$

$$R\&D_t=\alpha_0+\alpha_1ACA_t+\alpha_2STATE+\alpha_3STATE \times ACA_t+\sum_{i=1}^{n}\alpha_{4i}CONTROL_i+$$
$$\sum_{j=1}^{n}\alpha_{5j}IND_j+\sum_{k=1}^{n}\alpha_{6i}YEAR_k+e_i \quad （3-13）$$

研发投资密度再检验的结果如表 3-22 所示。其中，第（1）、第（2）列分别报告了模型（3-12）和模型（3-13）的检验结果。可以看出：

第（1）列中，学者型高管（ACA）的系数在 1% 的置信水平上显著为正，与上文的研究结论一致；学者型高管与企业性质的交乘项（STATE × ACA）不显著，说明学者型高管对研发投资密度的影响并不存在差异。

第（2）列中，学者型高管（ACA）的系数在 1% 的置信水平上显著为正，与上文的研究结论一致；学者型高管与高科技企业的交乘项（Hightec × ACA）在 1% 的置信水平上显著为正，说明学者型高管对高科技企业的实质性创新的影响更为明显。

表 3-22　研发投资密度的再检验

| 变量 | （1） | （2） |
|---|---|---|
| | R&D | R&D |
| ACA | 0.7787*** <br>（7.89） | 0.0446 <br>（0.47） |
| STATE | 0.4041*** <br>（3.49） | |
| STATE × ACA | −0.2209 <br>（−1.18） | |
| Hightec | | 0.8156*** <br>（8.16） |
| Hightec × ACA | | 0.9100*** <br>（6.23） |
| SIZE × ACA | | |
| SIZE | 0.2777*** <br>（5.96） | 0.2976*** <br>（6.27） |
| ROA | −12.7277*** <br>（−9.55） | −13.3534*** <br>（−9.97） |
| TobinQ | 0.4977*** <br>（11.53） | 0.4874*** <br>（11.23） |
| LEV | −5.5786*** <br>（−16.11） | −5.5214*** <br>（−16.10） |
| Opinion | −2.4853*** <br>（−2.67） | −2.4533*** <br>（−2.68） |
| TOP1 | −0.0275*** <br>（−9.95） | −0.0272*** <br>（−10.46） |
| PPE | −2.8162*** <br>（−8.83） | −2.5581*** <br>（−7.78） |

续表

| 变量 | （1） | （2） |
|------|-------|-------|
|      | R&D   | R&D   |
| DID  | 0.1378 | 0.1658 |
|      | （1.23） | （1.45） |
| Age  | −0.0590*** | −0.0550*** |
|      | （−7.54） | （−7.66） |
| _cons | 2.3523* | 2.2396* |
|      | （1.87） | （1.77） |
| 年份 | 控制 | 控制 |
| 行业 | 控制 | 控制 |
| 观测值 | 11674 | 11674 |
| 调整后的 $R^2$ | 0.2936 | 0.2979 |

注：括号内为估计系数的稳健性 T 统计量；*、**、*** 分别表示在 10%、5%、1% 的置信水平上显著。

# 本章小结

　　本章首先对学者型高管对研发投资密度、创新绩效的影响进行研究，并检验了可能存在的中介效应、当期效应和时滞效应。为确保上述研究结论的稳健性，本章采用 Heckman 两阶段、倾向得分配对（PSM）和滞后一期回归控制内生性问题，并通过更换创新绩效的度量指标、学者型高管的度量指标、变更高管团队的界定范围、变更回归模型、控制高管团队其他个人特征等方法进行稳健性检验。在进一步研究中，本章主要研究了企业创新的动机；学者型高管对创新绩效的影响机制，包括从人力资源和财务资源两个视角考察学者型高管创新绩效的影响；从产品市场的视角考察学者型高管对企业研发投资密度的影响；基于企业性质和高科技企业的视角，对企业创新绩效和研发投资密度的再检验。通过上述的实证检验，本章主要得出以下结论：

　　第一，学者型高管能够提高企业的研发投资密度与创新绩效，并且研发投资密度是学者型高管影响创新绩效的中介变量，并起到部分中介效应。

第二，学者型高管对创新绩效的影响，既存在当期效应，也存在时滞效应。相对于当期效应，学者型高管对创新绩效影响的时滞效应更为明显，说明学者型高管对企业创新绩效的影响存在着一定的滞后性。

第三，学者型高管既提高了企业的实质性创新，也提高了企业的策略性创新。相对于策略性创新，学者型高管对企业实质性创新的影响更为明显，说明学者型高管提高了创新绩效的质量与数量，实施双元创新，但更加注重实质性创新。

第四，学者型高管提高了企业研发人员的比例，降低了企业的债务融资成本，说明学者型高管能够通过人力资源和财务资源两个途径促进企业研发密度投资和创新绩效。

第五，学者型高管能够缓解客户集中度、供应商集中度、市场竞争激烈与融资约束对研发创新投入的负面影响，说明学者型高管能够缓解产品市场上由于企业议价能力不足导致的盈利空间较小等情况对研发创新投入的抑制作用。

第六，学者型高管对研发投资密度的影响，在国有企业与非国有企业中不存在明显差异，但对高科技企业的影响明显大于非高科技企业；学者型高管对实质性创新的影响，在国有企业和高科技企业中更加明显。

总体而言，本章研究发现，学者型高管能够提高企业的研发投资密度和创新绩效，推动了企业的双元创新，尤其是实质性创新。相应的机制检验发现，学者型高管主要通过人力资源和财务资源两个途径产生影响企业创新投资行为，并缓解产品市场上议价能力不足产生的负面影响。

# 第四章 学者型高管与企业融资行为

现有研究发现，高管学术经历能够提高企业债务融资能力，降低企业债务融资成本，获取更多的短期债务融资（周楷唐等，2017）。同时，有关商业信用的研究认为，商业信用是银行信贷融资的有效补充，能缓解企业的融资约束。现有研究尚未研究学者型高管与商业信用的关系。并且，从产品市场的角度看，我国的国有企业与非国有企业的市场地位、议价能力存在着较大的区别。那么，学者型高管对商业信用的影响，在国有企业与非国有企业存在的异质性上也有待检验。因此，本章从产品市场的视角出发，分别研究学者型高管对国有企业与非国有企业商业信用融资的影响，并检验相应的影响机制。

## 第一节 理论分析与研究假设

### 一、国有企业

现有研究认为，国有企业在债务融资市场上能够享受到更多的优待。结合学者型高管的特征、商业信用的相关理论，本章将从买方市场理论、体恤效应和供应链合作关系的视角，分析高管学术经历对国有企业商业信用融资的影响机理。

第一，买方市场理论。现有研究发现，商业信用都会向市场地位高的企业集中（Wilson et al.，2002；Fisman and Raturi，2004；Fabbri et al.，2008；张新民等，2012；刘欢等，2015；吴世农等，2019）。具体而言，在供应链上游，市场地位较高的企业能够通过实施诸如更换供应商等威胁手段，要求供应商向其提供更多的商业信用融资。这种情况下，即使供应商面临着融资约束，也会为市场地位较高的客户提供商业信用融资。学者们将这种现象称为"买方市场"假说。考虑到我国的国有上市公司拥有较高的市场地位，结合第三章研究发现，学者型高管能够增强企业的创新绩效，提高企业的竞争力。因此，在买方市场理论下，本章认为学者型高管到国有企业兼职或任职，能够增强国有企业的竞争优势，进一步加强了国有企业的市场地位，有助于国有企业获取更多的商业信用融资。

第二，供应链合作关系和体恤效应。现有研究发现，企业有维护和整理供应链上下游良好的合作关系的需求，当企业具备一定的财务实力，其愿意向供应链上下游提供商业信用支持。而实证检验结果证明，当企业在产品市场竞争优势越大，对上下游企业的商业信用支持力度越大（吴育辉等，2017）。同时，吴娜和于博（2017）研究发现，客户集中度的提高会激励买方体恤供应商，降低商业信用侵占，并将此现象称为"体恤效应"。考虑到学者型高管受到我国传统儒家文化的熏陶，形成内在的自我约束和监督机制，塑造了诚信、自律等道德品质，在国有企业拥有较多财务资源的情况下，可能会降低占用供应商资金的动机，维持并发展良好的供应商关系，或对供应商进行体恤。因此，在供应链合作关系和体恤效应的视角下，本章认为学者型高管到国有企业兼职或任职，能够增强国有企业与供应商之间的合作关系，体恤供应商，进而降低获取供应商商业信用融资的规模。

综上所述，学者型高管既可能提高国有企业的商业信用融资，也可能减少国有企业的商业信用融资。因此，本章提出备择假设 H4a 和 H4b：

H4a：在其他条件不变的情况下，学者型高管与国有企业商业信用融资存在显著正相关关系。

H4b：在其他条件不变的情况下，学者型高管与国有企业商业信用融资存在显著负相关关系。

## 二、非国有企业

现有研究认为，非国有企业在债务融资市场上面临着产权歧视。结合学者型的特征、商业信用的影响因素来看，本章将通过竞争力机制和信任机制，分析高管学术经历对非国有企业商业信用融资的影响机理。

第一，学者型高管增强了企业的竞争优势。首先，第三章研究发现，学者型高管能够提高企业的创新绩效，促进企业进行实质性创新和策略性创新，从而增强了企业的竞争优势。其次，现有研究发现，高管学术经历习惯于采用客观数据和事实进行分析，有利于准确预期市场情况，避免管理者乐观预期，进而降低企业成本黏性（赵欣和杨世忠，2021）。可以看出，高管学术经历能够促进企业创新和降低成本黏性，形成企业的竞争优势，提高企业的市场地位。

有关商业信用影响因素的研究成果认为，市场地位高的企业能够获得更多的商业信用融资（Wilson et al.，2002；刘欢等，2015）、更多的商业信用优惠条款（Giannetti et al.，2010）。再考虑到我国非国有企业在银行信贷、商业信用融资上受到了不同程度的产权歧视，债务融资能力不足，债务融资规模也相对较小。因此，本章认为学者型高管能增强企业竞争优势，提高非国有企业的市场地位，进而提高非国有企业的议价能力，获取更多的商业信用融资。

第二，学者型高管增强了企业的可信性。首先，在我国传统的儒家文化中，师者一直被尊崇为优秀的个人道德典范，拥有较高的道德标准和责任意识。我国的科研人员在求学与学术训练过程中，容易受到我国传统儒家文化的熏陶，形成内在的自我约束和监督机制，塑造了诚信、自律等道德品质。现有研究发现，高管学术经历是内部治理的有效手段，缓解了信息风险和代理风险，如高管学术经历能够提高会计稳健性（周楷唐等，2017；沈华玉等，2018），降低企业盈余管理水平（Francis et al.，2015；周楷唐等，2017；沈华玉等，2018）。其次，高管学术经历发挥的内部治理作用，能够有效地作为外部治理的补充。现有研究发现，高管学术经历在非国有企业、机构投资者持股比例比较低、分析师跟踪人数比较少、小型事务所审计的企业中发挥的作用更加明显。同时，高管学术经历能够抑制高管在职消费（张晓亮等，2020），缓解股价崩盘风险（鲁桂华和潘柳芸，2021），这也印证了上述观点。最后，由于科研人员具有较高的声望，受到社会各界的关注，高管学术经历能够对外传递企业经营良好的信号。

有关商业信用影响因素的研究成果认为，良好的公司治理（董红晔和李小荣，2014）、有效的内部控制（徐虹等，2013）、高质量的会计信息（袁卫秋和汪立静，2016；刘杨晖等，2019；王瑶和支晓强，2021）能够促进企业商业信用融资惩治。同时，管理者的良好声誉有助于企业获取更多的商业信用融资（李辰颖和刘红霞，2013）。因此，本章认为学者型高管能提高非国有企业的公司治理水平并对外传递良好的企业声誉，获取更多的商业信用融资。

综上所述，无论是竞争力机制视角还是信任机制视角，学者型高管都能够提高企业商业信用融资的能力。因此，本章提出假设 H5：

H5：在其他条件不变的情况下，学者型高管与非国有企业商业信用融资存在显著正相关关系。

# 第二节 研究设计

## 一、样本选择

本章选取 2008~2020 年我国 A 股上市公司作为研究样本。本章将研究样本的起始时间设定为 2008 年，主要是考虑到高管个人特征的数据从 2008 年开始更新。同时，为了保证实证检验结果的准确性与可靠性，本章剔除了不符合研究要求的样本。剔除样本主要包括金融行业的样本，ST、PT 的样本，回归数据缺失的样本，最终得到 16318 个观测值。此外，为控制极端数据对研究结果的影响，本书对所有连续型变量进行了上下各 1% 的缩尾（Winsorize）处理。

## 二、变量定义

### （一）学者型高管

学者型高管的界定需要经过高管团队界定和学术经历界定两个步骤，在此基础上再进行变量的赋值。

首先，本章借鉴《公司法》中的规定，将高管团队界定为总经理、副经理、财务负责人、上市公司董事会秘书和公司章程规定的其他人员。采用《公司法》对高管团队范围进行界定主要包括两个方面的原因：①按照适用的财务报告编制基础编制财务报表是企业管理层的主要责任。同时，现有研究成果发现财务负责人、CEO 等（张霁若，2017）都会对会计信息可比性产生影响。②本书的研究视角为产品市场，企业的主营业务和盈利主要来源于产品市场，产品市场必然成为高管团队关注的重点。因此，产品市场是高管团队进行决策的重要影响因素之一，有理由相信产品市场会影响高管团队进行会计信息披露的动机。考虑到现有研究成果对高管团队的界定并不一致，为了本章研究结论的可靠性，本章在稳健性检验中还采用了不同的高管团队界定方式进行检验。

其次，本书参考沈艺峰等（2016）、周楷唐等（2017）、沈华玉（2018）的界定方法，认为学术经历是指在高校任教、在科研机构任职或在协会从事研究。因此，学者型高管是曾在高校、科研机构或在协会从事研究，并且在上市公司兼职或任职的高管。

最后，借鉴周楷唐等（2017）对高管学术经历的赋值方法，本章采用两种方法作为学者型高管的度量指标：①设置学者型高管的虚拟变量，并记为 ACA。当企业高管团队包含学者型高管时，ACA 取值为 1，否则为 0；②学者型高管在高管团队中的人数占比，并记为 ACAP。其中，在稳健性检验中采用第二种度量指标。

需要说明的是，学者型高管的相关数据来源于 CSMAR 数据库中的个人特征数据库，根据高管职位、任职期限等进行整理，根据是否有学术经历进行变量的赋值。其中，针对该数据库中存在数据不全的情况，本章通过查阅数据库中的高管简历进行补充完善。

**（二）商业信用**

商业信用融资是指供应商提供的商业信用，主要包括应付账款和应付票据。本书采用（应付账款＋应付票据）/总资产、应付账款/总资产、应付票据/总资产来反映商业信用融资，并分别记为 PAY、APAY、NPAY。

为了保证研究成果的稳健性，本章借鉴现有与商业信用有关的研究成果，从财务变量和公司治理两个方面选取控制变量。所有变量定义及其计算方式如表 4-1 所示。

**表 4-1　主要变量表**

| 变量代码 | 变量含义 | 变量说明 |
|---|---|---|
| PAY | 商业信用融资 | （应付账款＋应付票据）/总资产 |
| APAY | 应付账款 | 应付账款/总资产 |
| NPAY | 应付票据 | 应付票据/总资产 |
| ACA | 高管学术经历虚拟变量 | 高管团队如果具有学术经历，取值为 1，否则为 0 |
| PACA | 高管学术经历占比 | 高管团队中有学术经历的人数/高管人数 |
| SIZE | 公司规模 | 总资产，取对数 |
| ROA | 总资产报酬率 | 利润总额/总资产平均余额 |
| CFO | 净经营现金流 | 净经营现金流/总资产 |
| LEV | 资产负债率 | 负债/资产 |
| Bank | 一年内到期借款 | （短期借款＋一年内到期债务）/总资产 |

| 变量代码 | 变量含义 | 变量说明 |
|---|---|---|
| TobinQ | 托宾 Q 值 | 市值 / 资产总计 |
| Growth | 营业收入增长率 | 本年营业收入 / 上年营业收入 –1 |
| PPE | 固定资产占比 | 固定资产账面价值 / 总资产 |
| Opinion | 审计意见类型 | 如果是标准审计报告，取值为 1，否则为 0 |
| BIG4 | 四大会计师事务所审计 | 当公司由国际四大会计师事务所审计时，取值为 1，否则为 0 |
| TOP1 | 股权集中度 | 第一大股东持股比例 |
| DUAL | 两职兼任 | 董事长与总经理两职兼任取值为 1，否则为 0 |
| INDEP | 独立董事占比 | 独立董事人数 / 董事会规模 |

## 三、模型设定

本书构建模型（4–1）对假设 H4、假设 H5 进行检验。本书采用混合截面数据回归，并控制年份、行业和异方差。

$$PAY_{it} = \alpha_0 + \alpha_1 ACA_t + \sum_{i=1}^{n} \alpha_{2i} CONTROL_i + \sum_{j=1}^{n} \alpha_{3j} IND_j + \sum_{k=1}^{n} \alpha_{4i} YEAR_k + e_i \qquad （4–1）$$

# 第三节　回归结果分析

## 一、描述性统计分析

相关变量的描述性统计结果如表 4–2 所示。可以发现：

（1）商业信用融资（PAY）的均值为 0.1280，中位数为 0.1031，标准差为 0.0970，说明我国上市公司的商业信用融资约占总资产的 12.86%，并且在统计上存在一定程度的左偏，说明一部分上市公司的商业信用融资占总资产的比例较高。

（2）应付账款（APAY）和应付票据（NPAY）的均值分别为 0.0868 和 0.0405，说明我国上市公司的应付账款和应付票据分别占总资产的 8.68% 和

4.05%，应付账款的占比明显高于应付票据。

（3）学者型高管占高管团队的占比（PACA）的均值为 0.0794，说明我国上市公司的高管团队中约有 7.94% 具有学术经历。学者型高管占高管团队的占比中位数为 0，说明有一半以上的样本不存在学者型高管。

表 4-2  样本分布及描述性统计

| 变量 | 样本量 | 均值 | 标准差 | 最小值 | 1/4 分位数 | 中位数 | 3/4 分位数 | 最大值 |
|---|---|---|---|---|---|---|---|---|
| PAY | 26804 | 0.1280 | 0.0970 | 0.0038 | 0.0548 | 0.1031 | 0.1771 | 0.4491 |
| APAY | 26804 | 0.0868 | 0.0712 | 0.0000 | 0.0349 | 0.0716 | 0.1211 | 0.3364 |
| NPAY | 26804 | 0.0405 | 0.0593 | 0.0000 | 0.0000 | 0.0149 | 0.0563 | 0.2894 |
| ACA | 26804 | 0.3231 | 0.4677 | 0.0000 | 0.0000 | 0.0000 | 1.0000 | 1.0000 |
| PACA | 26804 | 0.0794 | 0.1357 | 0.0000 | 0.0000 | 0.0000 | 0.1429 | 0.6000 |
| SIZE | 26804 | 22.2584 | 1.2834 | 19.8970 | 21.3361 | 22.0829 | 22.9931 | 26.1906 |
| ROA | 26804 | 0.0371 | 0.0625 | −0.2454 | 0.0130 | 0.0358 | 0.0672 | 0.2042 |
| CFO | 26804 | 0.0443 | 0.0701 | −0.1685 | 0.0058 | 0.0440 | 0.0858 | 0.2390 |
| LEV | 26804 | 0.4560 | 0.1991 | 0.0740 | 0.3010 | 0.4516 | 0.6053 | 0.9003 |
| Bank | 26804 | 0.1274 | 0.1114 | 0.0000 | 0.0335 | 0.1044 | 0.1933 | 0.4717 |
| TobinQ | 26804 | 2.3316 | 1.5913 | 0.8410 | 1.3032 | 1.8238 | 2.7415 | 9.8220 |
| Growth | 26804 | 0.1783 | 0.4424 | −0.5721 | −0.0263 | 0.1062 | 0.2701 | 2.8943 |
| PPE | 26804 | 0.2227 | 0.1660 | 0.0019 | 0.0923 | 0.1893 | 0.3191 | 0.7127 |
| Opinion | 26804 | 0.9668 | 0.1792 | 0.0000 | 1.0000 | 1.0000 | 1.0000 | 1.0000 |
| BIG4 | 26804 | 0.0642 | 0.2451 | 0.0000 | 0.0000 | 0.0000 | 0.0000 | 1.0000 |
| TOP1 | 26804 | 34.6628 | 14.9242 | 8.6622 | 22.9428 | 32.5085 | 44.8091 | 74.8237 |
| DUAL | 26804 | 0.2525 | 0.4344 | 0.0000 | 0.0000 | 0.0000 | 1.0000 | 1.0000 |
| INDEP | 26804 | 37.4026 | 5.5352 | 9.0900 | 33.3300 | 33.3300 | 42.8600 | 80.0000 |

## 二、单变量分析

单变量分析的结果如表 4-3 所示。其中，Panel A 是国有企业单变量分析的结果，Panel B 是非国有企业单变量分析的结果。具体而言：

（1）在 Panel A 中，有学者型高管样本的商业信用融资、应付账款和应付票据的均值与无学者型高管的样本均无显著差异；有学者型高管样本的商业信用融资、应付账款和应付票据的中位数均显著大于无学者型高管的样本。

（2）在 Panel B 中，有学者型高管样本的应付账款的均值和中位数均显著大于无学者型高管的样本，但有学者型高管样本的商业信用融资和应付票据的均值和中位数与无学者型高管的样本均无显著差异。上述单变量分析结果并不支持假设 H4、H5，还有待进一步检验。

表 4-3　单变量分析

| Panel A　国有企业 | | | | | | | |
|---|---|---|---|---|---|---|---|
| | 平均值检验 | | | | 中位数检验 | | | |
| 变量名称 | 无学者型高管（0） | 有学者型高管（1） | （1）~（0） | t 值 | 无学者型高管（0） | 有学者型高管（1） | （1）~（0） | z 值 |
| PAY | 0.138 | 0.138 | 0 | 0.125 | 0.107 | 0.110 | 0.003 | 2.007** |
| APAY | 0.0960 | 0.0980 | 0.002 | 1.581 | 0.0770 | 0.0800 | 0.003 | 2.651*** |
| NPAY | 0.0400 | 0.0380 | −0.002 | −1.441 | 0.0120 | 0.0150 | 0.003 | 1.936* |
| Panel B　非国有企业 | | | | | | | | |
| | 平均值检验 | | | | 中位数检验 | | | |
| 变量名称 | 无学者型高管（0） | 有学者型高管（1） | （1）~（0） | t 值 | 无学者型高管（0） | 有学者型高管（1） | （1）~（0） | z 值 |
| PAY | 0.122 | 0.123 | 0.001 | 0.435 | 0.101 | 0.100 | −0.001 | −0.208 |
| APAY | 0.0790 | 0.0820 | 0.003 | 2.999*** | 0.0670 | 0.0680 | 0.001 | 2.580*** |
| NPAY | 0.0420 | 0.0400 | −0.002 | −2.543 | 0.0160 | 0.0170 | 0.001 | 0.537 |

注：样本差异均基于参数 t 检验和非参数 Wilcoxon 秩和检验；*、**、*** 分别表示在 10%、5%、1% 的置信水平上显著。

## 三、多元回归分析

假设 H4、H5 的检验结果如表 4-4 所示。其中，第（1）~（3）列是国有企业的检验结果，第（4）~（6）列是非国有企业的检验结果。具体而言，第（1）~（3）列中，学者型高管（ACA）的系数在 1% 的置信水平上显著为负，说明学者型高管能够降低国有企业的商业信用融资，包括应付账款和应付票据，减少了对供应商资金的占用。在第（4）、第（5）列中，学者型高管（ACA）的系数在 1% 的置信水平上显著为正，而第（6）列的学者型高管的系数不显著，说明学者型高管能够通过增加应付账款规模的方式，增加国有企业的商业信用融资，但并不能增加企业的应付票据规模。这可能是因为，我国商业银行开具银行承兑汇票时，一般要求企业需要提供不低于 70% 的保证金，考虑到我国非国有企业在融资时受到的产权歧视问题，有理由相信非国有企业开具银行承兑汇票的成本过高。在这种情况下，学者型高管并不能改变非国有企业开具银行承兑汇票的难点。以上回归结果支持假设 H4b、H5。

表 4-4　高管学术经历与商业信用

| 变量 | 国有企业 | | | 非国有企业 | | |
|---|---|---|---|---|---|---|
| | （1） | （2） | （3） | （4） | （5） | （6） |
| | PAY | APAY | NPAY | PAY | APAY | NPAY |
| ACA | $-0.0081^{***}$ | $-0.0048^{***}$ | $-0.0032^{***}$ | $0.0028^{**}$ | $0.0036^{***}$ | $-0.0005$ |
| | （-4.68） | （-3.67） | （-2.81） | （2.44） | （4.16） | （-0.68） |
| SIZE | $-0.0143^{***}$ | $-0.0077^{***}$ | $-0.0054^{***}$ | $-0.0091^{***}$ | $-0.006^{5***}$ | $-0.0022^{***}$ |
| | （-16.73） | （-12.14） | （-9.74） | （-11.68） | （-11.16） | （-4.11） |
| ROA | $0.0752^{***}$ | $0.0267^{*}$ | $0.0434^{***}$ | $0.0447^{***}$ | $0.0186^{**}$ | $0.0268^{***}$ |
| | （3.95） | （1.79） | （3.64） | （3.75） | （2.11） | （3.48） |
| CFO | $0.0184$ | $0.0189^{*}$ | $-0.0014$ | $0.0307^{***}$ | $0.0270^{***}$ | $-0.0002$ |
| | （1.34） | （1.89） | （-0.16） | （2.83） | （3.62） | （-0.02） |
| LEV | $0.3672^{***}$ | $0.2075^{***}$ | $0.1417^{***}$ | $0.3702^{***}$ | $0.2147^{***}$ | $0.1398^{***}$ |
| | （48.27） | （41.88） | （30.68） | （53.19） | （47.64） | （34.78） |
| Bank | $-0.3123^{***}$ | $-0.2196^{***}$ | $-0.0759^{***}$ | $-0.3414^{***}$ | $-0.2064^{***}$ | $-0.1168^{***}$ |
| | （-31.65） | （-33.42） | （-12.25） | （-35.81） | （-32.28） | （-19.88） |

续表

| 变量 | 国有企业 | | | 非国有企业 | | |
|---|---|---|---|---|---|---|
| | （1） | （2） | （3） | （4） | （5） | （6） |
| | PAY | APAY | NPAY | PAY | APAY | NPAY |
| TobinQ | −0.0096*** | −0.0039*** | −0.0055*** | −0.0057*** | −0.0020*** | −0.0037*** |
| | （−12.64） | （−6.44） | （−12.52） | （−13.53） | （−6.16） | （−14.88） |
| Growth | 0.0031 | 0.0036** | −0.0018 | −0.0004 | 0.0001 | −0.0004 |
| | （1.31） | （2.21） | （−1.37） | （−0.29） | （0.13） | （−0.45） |
| PPE | −0.0730*** | −0.0322*** | −0.0361*** | −0.0233*** | −0.0078** | −0.0115*** |
| | （−13.63） | （−8.42） | （−10.95） | （−4.59） | （−2.16） | （−3.49） |
| Opinion | 0.0103 | 0.0037 | 0.0063 | 0.0158*** | 0.0077*** | 0.0106*** |
| | （1.50） | （0.83） | （1.48） | （4.01） | （2.78） | （4.09） |
| BIG4 | 0.0069*** | 0.0127*** | −0.0051*** | −0.0067* | −0.0019 | −0.0075*** |
| | （2.59） | （5.99） | （−3.08） | （−1.77） | （−0.69） | （−2.86） |
| TOP1 | 0.0004*** | 0.0003*** | 0.0001*** | 0.0002*** | 0.0001*** | 0.0001*** |
| | （8.06） | （6.89） | （3.28） | （5.22） | （4.15） | （2.70） |
| DUAL | −0.0010 | −0.0046** | 0.0042** | 0.0013 | 0.0007 | 0.0001 |
| | （−0.39） | （−2.56） | （2.43） | （1.10） | （0.81） | （0.12） |
| INDEP | −0.0001 | 0.0000 | −0.0001 | 0.0000 | −0.0001 | 0.0000 |
| | （−1.10） | （0.07） | （−0.85） | （0.26） | （−0.88） | （0.50） |
| _cons | 0.2737*** | 0.1645*** | 0.0864*** | 0.1543*** | 0.1308*** | 0.0175 |
| | （14.12） | （11.67） | （6.99） | （8.74） | （9.79） | （1.47） |
| 年份 | 控制 | 控制 | 控制 | 控制 | 控制 | 控制 |
| 行业 | 控制 | 控制 | 控制 | 控制 | 控制 | 控制 |
| 样本量 | 10739 | 10739 | 10739 | 16065 | 16065 | 16065 |
| 调整后的 $R^2$ | 0.5098 | 0.4575 | 0.3352 | 0.4361 | 0.3945 | 0.3100 |

注：括号内为估计系数的稳健性 T 统计量；*、**、*** 分别表示在 10%、5%、1% 的置信水平上显著。

## 四、内生性检验

本章的模型（4-1）的回归结果可能存在内生性问题。导致模型产生内生性的原因主要有自选择、遗漏变量和互为因果，本章采用 Heckman 两阶段估计法、倾向得分配对（PSM）和滞后一期回归三种方法进行检验，以缓解潜在的内生性问题产生的影响。

### （一）Heckman 两阶段回归

为了缓解样本自选择问题，本章采用 Heckman 两阶段法进行回归检验。具体而言，本章借鉴周楷唐等（2017）的做法，选取上一年度同行业上市公司的学者型高管占比（AcaInd）作为 Heckman 第一阶段回归的工具变量进行回归，再将第一阶段回归所得的逆米尔斯系数（IMR）代入第二阶段的回归。

Heckman 两阶段的回归结果如表 4-5 所示。

（1）第（1）、第（5）列报告了 Heckman 第一阶段的回归结果。其中，第（1）列是国有企业的回归结果，第（5）列是非国有企业的回归结果。可以看出：AcaInd 的回归系数在 1% 的置信水平上显著为正，表明上一年度同行业上市公司学者型高管的占比会影响其公司聘任学者型高管的决策，即随着同行业上市公司聘请学者型高管比重的增加，公司也会增加聘请学者型高管的概率，检验结果与周楷唐等（2017）一致。

（2）第（2）~（4）列、第（6）~（8）列报告了 Heckman 第二阶段的回归结果。其中，第（2）~（4）列是国有企业的回归结果，第（6）~（8）列是非国有企业的回归结果。可以看出，第（2）~（4）列的逆米尔斯系数（IMR）均在 1% 的置信水平上显著，说明国有企业样本的回归分析中存在样本自选择的内生性问题。在加入逆米尔斯系数（IMR）进行回归后，学者型高管（ACA）的系数在 1% 的置信水平上显著为负；第（6）列的逆米尔斯系数（IMR）不显著，第（7）列的逆米尔斯系数（IMR）在 1% 的置信水平上显著，说明非国有企业样本的回归分析中存在样本自选择的内生性问题。在加入逆米尔斯系数（IMR）进行回归后，第（7）列的学者型高管（ACA）的系数在 1% 的置信水平上显著为正。上述检验 Heckman 两阶段的检验结果均与上文研究结论一致，支持假设 H4b、H5。为了避免多重共线性问题，本章还进行了 VIF 检验，结果显示 IMR 的 VIF 值均小于 4，说明 Heckman 两阶段检验不存在多重共线性问题。

表 4-5 Heckman 两阶段检验

| 变量 | 国有企业 | | | | 非国有企业 | | | |
|---|---|---|---|---|---|---|---|---|
| | (1) ACA | (2) PAY | (3) APAY | (4) NPAY | (5) ACA | (6) PAY | (7) APAY | (8) NPAY |
| ACA | | -0.0088*** (-4.66) | -0.0046*** (-3.20) | -0.0039*** (-3.18) | | 0.0040*** (3.08) | 0.0044*** (4.56) | -0.0000 (-0.05) |
| AcaInd | 5.7004*** (5.65) | | | | 5.2793*** (6.75) | | | |
| SIZE | 0.1584*** (9.54) | -0.0179*** (-9.91) | -0.0044*** (-3.09) | -0.0115*** (-9.37) | 0.0830*** (5.59) | -0.0096*** (-8.93) | -0.0083*** (-10.43) | -0.0010 (-1.36) |
| ROA | 0.4528 (1.16) | 0.0871*** (3.87) | 0.0582*** (3.35) | 0.0262* (1.81) | 0.2200 (0.99) | 0.0249* (1.87) | 0.0039 (0.40) | 0.0220*** (2.59) |
| CFO | -0.2436 (-0.92) | 0.0080 (0.52) | -0.0011 (-0.10) | 0.0060 (0.60) | -0.1550 (-0.78) | 0.0467*** (3.72) | 0.0434*** (5.13) | -0.0014 (-0.18) |
| LEV | -0.5346*** (-4.23) | 0.3916*** (39.50) | 0.2021*** (28.62) | 0.1687*** (26.09) | -0.2073** (-2.08) | 0.3750*** (47.27) | 0.2193*** (42.29) | 0.1402*** (30.16) |
| Bank | 0.5357*** (3.03) | -0.3415*** (-28.46) | -0.2172*** (-25.43) | -0.1044*** (-13.04) | -0.3643** (-2.36) | -0.3441*** (-31.75) | -0.1981*** (-26.99) | -0.1276*** (-18.60) |
| TobinQ | 0.1127*** (7.05) | -0.0109*** (-7.96) | -0.0009 (-0.82) | -0.0092*** (-10.11) | 0.0152 (1.63) | -0.0054*** (-11.08) | -0.0020*** (-5.27) | -0.0034*** (-11.45) |
| Growth | -0.0740* (-1.68) | 0.0038 (1.33) | 0.0014 (0.72) | 0.0009 (0.55) | -0.0246 (-0.84) | 0.0015 (0.87) | 0.0018 (1.33) | 0.0002 (0.18) |
| PPE | -0.5460*** (-5.00) | -0.0631*** (-8.04) | -0.0443*** (-7.37) | -0.0175*** (-3.30) | -0.2729*** (-2.65) | -0.0222*** (-3.69) | -0.0041 (-0.95) | -0.0140*** (-3.56) |

续表

| 变量 | 国有企业 | | | | 非国有企业 | | | |
|---|---|---|---|---|---|---|---|---|
| | （1）ACA | （2）PAY | （3）APAY | （4）NPAY | （5）ACA | （6）PAY | （7）APAY | （8）NPAY |
| Opinion | 0.1988* | 0.0019 | 0.0084 | −0.0049 | 0.2056*** | 0.0100** | 0.0013 | 0.0121*** |
| | （1.66） | （0.22） | （1.54） | （−0.89） | （3.22） | （2.22） | （0.41） | （4.07） |
| BIG4 | 0.2738*** | 0.0033 | 0.0190*** | −0.0136*** | 0.1876*** | −0.0084* | −0.0061* | −0.0056* |
| | （5.40） | （0.86） | （6.12） | （−5.20） | （2.88） | （−1.90） | （−1.90） | （−1.84） |
| TOP1 | −0.0065*** | 0.0006*** | 0.0002** | 0.0004*** | −0.0033*** | 0.0002*** | 0.0002*** | 0.0000 |
| | （−6.16） | （6.89） | （2.39） | （6.00） | （−3.69） | （3.76） | （4.19） | （0.75） |
| DUAL | 0.2260*** | −0.0059* | −0.0008 | −0.0035 | 0.4368*** | −0.0031 | −0.0078*** | 0.0036 |
| | （4.68） | （−1.74） | （−0.31） | （−1.47） | （17.65） | （−0.87） | （−3.02） | （1.58） |
| INDEP | −0.0003 | −0.0001 | −0.0000 | −0.0000 | −0.0030 | 0.0000 | −0.0000 | 0.0000 |
| | （−0.10） | （−0.90） | （−0.37） | （−0.07） | （−1.35） | （0.35） | （−0.31） | （0.22） |
| IMR | | −0.0256** | 0.0284*** | −0.0472*** | | −0.0132 | −0.0283*** | 0.0141** |
| | | （−1.99） | （2.72） | （−5.26） | | （−1.19） | （−3.53） | （2.01） |
| _cons | −4.6406*** | 0.3928*** | 0.0500 | 0.2914*** | −2.3786*** | 0.1834*** | 0.1958*** | −0.0170 |
| | （−11.61） | （6.86） | （1.09） | （7.39） | （−6.49） | （6.02） | （8.68） | （−0.85） |
| 年份 | 控制 | 控制 | 控制 | 控制 | 控制 | 控制 | 控制 | 控制 |
| 行业 | 控制 | 控制 | 控制 | 控制 | 控制 | 控制 | 控制 | 控制 |
| 样本量 | 8772 | 8772 | 8772 | 8772 | 12571 | 12571 | 12571 | 12571 |
| 调整后的 R² | | 0.5226 | 0.4676 | 0.3429 | | 0.4408 | 0.3993 | 0.3047 |

注：括号内为估计系数的稳健性 T 统计量；*、**、*** 分别表示在 10%、5%、1% 的置信水平上显著。

### （二）倾向得分配对

为了缓解自选择偏误，本章运用倾向得分匹配（PSM）进行检验。具体而言，使用学者型高管的虚拟变量对所有的控制变量进行回归，计算得到各个观测值的倾向得分。为了提高匹配的质量，本书仅保留倾向得分重叠部分的个体，再对比多种配对方法之后，选择近邻为2的重复配对方式[①]，得到匹配后的国有企业样本非国有企业样本分别为5908个、11320个。在此基础上，分别对国有企业样本和非国有企业样本进行均衡性检验，再进行后续的回归检验。

国有企业样本的倾向得分配对（PSM）的检验结果如表4-6所示，可以看出：

（1）Panel A报告了均衡性检验结果，匹配后的控制变量标准化偏差（%bias）均小于10%，说明重复的一对一配对后，控制变量之间不存在明显差异，符合倾向得分配对的基本要求。

（2）Panel B报告了平均干预效应的结果，ATT的差异为负，这说明个体在干预状态下的平均干预效应显著，即在控制其他匹配变量不变的情况下，学者型高管（ACA）从0变为1，商业信用融资（PAY）、应付账款（APAY）、应付票据（NPAY）平均分别减少了0.0026、0.00215、0.00048。平均干预效应的检验结果与上文的研究结论一致。

（3）Panel C报告了匹配后样本的回归结果，第（1）~（2）列的学者型高管（ACA）的系数在1%的置信水平上显著为负；第（3）列的学者型高管（ACA）的系数在边际上为负，说明在控制公司特征方面的差异后，学者型高管与商业信用融资之间的负相关关系仍然成立。

#### 表4-6　倾向得分配对 – 国有企业

| Panel A | | | | | | | | |
|---|---|---|---|---|---|---|---|---|
| Variable | Matched/ Unmatched | Mean Treated | Mean Control | %bias | \|bias\| | t | p>\|t\| | V (T)/ V (C) |
| SIZE | U | 22.9600 | 22.7250 | 16.5 | | 7.64 | 0 | 1.29* |
| | M | 22.9590 | 22.8930 | 4.6 | 72 | 1.64 | 0.101 | 1.13* |

---

① 本书还使用不重复的一对一配对，近邻配对等配对方法进行PSM检验，其他配对方式的均衡性检验结果不如近邻为2的重复配对方式，因此本书选用近邻为2的重复配对方式。

续表

| | | | | | | | | |
|---|---|---|---|---|---|---|---|---|
| | | | | Panel A | | | | |
| Variable | Matched/ Unmatched | Mean Treated | Mean Control | %bias | \|bias\| | t | p>\|t\| | V (T) / V (C) |
| ROA | U | 0.0350 | 0.0302 | 8.9 | | 3.95 | 0 | 0.94 |
| | M | 0.0349 | 0.0340 | 1.7 | 81.1 | 0.59 | 0.554 | 0.81* |
| CFO | U | 0.0429 | 0.0466 | −5.5 | | −2.43 | 0.015 | 0.91* |
| | M | 0.0428 | 0.0413 | 2.2 | 60 | 0.8 | 0.425 | 0.89* |
| LEV | U | 0.5147 | 0.5273 | −6.6 | | −2.95 | 0.003 | 1.05 |
| | M | 0.5148 | 0.5089 | 3.1 | 53.5 | 1.09 | 0.274 | 0.99 |
| Bank | U | 0.1328 | 0.1392 | −5.6 | | −2.48 | 0.013 | 0.97 |
| | M | 0.1329 | 0.1335 | −0.5 | 90.4 | −0.19 | 0.847 | 0.95 |
| TobinQ | U | 2.0464 | 1.8236 | 17.5 | | 8.13 | 0 | 1.34* |
| | M | 2.0385 | 2.1318 | −7.3 | 58.1 | −2.24 | 0.025 | 0.64* |
| Growth | U | 0.1399 | 0.1455 | −1.4 | | −0.61 | 0.541 | 0.77* |
| | M | 0.1399 | 0.1314 | 2.1 | −49.3 | 0.8 | 0.421 | 0.92* |
| PPE | U | 0.2247 | 0.2761 | −27.8 | | −11.99 | 0 | 0.75* |
| | M | 0.2249 | 0.2242 | 0.4 | 98.7 | 0.14 | 0.889 | 0.95 |
| Opinion | U | 0.9808 | 0.9761 | 3.2 | | 1.41 | 0.158 | |
| | M | 0.9808 | 0.9823 | −1 | 68 | −0.41 | 0.683 | |
| BIG4 | U | 0.1544 | 0.0954 | 17.9 | | 8.45 | 0 | |
| | M | 0.1539 | 0.1418 | 3.7 | 79.5 | 1.24 | 0.216 | |
| TOP1 | U | 37.3210 | 39.3290 | −12.8 | | −5.81 | 0 | 1.09* |
| | M | 37.3160 | 37.4570 | −0.9 | 93 | −0.33 | 0.742 | 1.12* |
| DUAL | U | 0.1235 | 0.0902 | 10.8 | | 5 | 0 | |
| | M | 0.1233 | 0.1220 | 0.4 | 96 | 0.15 | 0.884 | |
| INDEP | U | 37.3110 | 36.8910 | 7 | | 3.26 | 0.001 | 1.31* |
| | M | 37.2970 | 37.2420 | 0.9 | 86.9 | 0.33 | 0.741 | 1.21* |

续表

| Panel B | | | | | | |
|---|---|---|---|---|---|---|
| Variable | Sample | Treated | Controls | Difference | S.E. | T-stat |
| PAY | Unmatched | 0.137908 | 0.137769 | 0.000139 | 0.002437 | 0.06 |
| | ATT | 0.137895 | 0.140497 | −0.0026 | 0.002954 | −0.88 |
| | ATU | 0.138066 | 0.12946 | −0.00861 | 0.002912 | −2.96 |
| | ATE | | | −0.00712 | 0.002709 | −2.63 |
| APAY | Unmatched | 0.098359 | 0.09573 | 0.002629 | 0.001726 | 1.52 |
| | ATT | 0.098324 | 0.100479 | −0.00215 | 0.002144 | −1.01 |
| | ATU | 0.0959 | 0.089865 | −0.00603 | 0.001996 | −3.02 |
| | ATE | | | −0.00507 | 0.001878 | −2.7 |
| NPAY | Unmatched | 0.03819 | 0.040218 | −0.00203 | 0.001364 | −1.49 |
| | ATT | 0.038211 | 0.03869 | −0.00048 | 0.00158 | −0.3 |
| | ATU | 0.040339 | 0.037848 | −0.00249 | 0.00174 | −1.43 |
| | ATE | | | −0.00199 | 0.001593 | −1.25 |

| Panel C | | | |
|---|---|---|---|
| 变量 | （1） | （2） | （3） |
| | PAY | APAY | NPAY |
| ACA | −0.0058*** | −0.0042*** | −0.0016 |
| | （−2.95） | （−2.81） | （−1.25） |
| SIZE | −0.0145*** | −0.0085*** | −0.0052*** |
| | （−12.87） | （−9.89） | （−7.37） |
| ROA | 0.0758*** | 0.0398** | 0.0362** |
| | （3.07） | （2.02） | （2.33） |
| CFO | 0.0191 | 0.0093 | 0.0061 |
| | （1.08） | （0.70） | （0.53） |
| LEV | 0.3859*** | 0.2249*** | 0.1455*** |
| | （38.08） | （32.93） | （23.82） |

续表

| 变量 | Panel C | | |
|---|---|---|---|
| | （1） | （2） | （3） |
| | PAY | APAY | NPAY |
| Bank | −0.3370*** | −0.2360*** | −0.0887*** |
| | （−25.40） | （−26.07） | （−10.52） |
| TobinQ | −0.0098*** | −0.0047*** | −0.0048*** |
| | （−10.72） | （−6.84） | （−9.26） |
| Growth | 0.0031 | 0.0028 | −0.0012 |
| | （0.91） | （1.24） | （−0.71） |
| PPE | −0.0807*** | −0.0384*** | −0.0362*** |
| | （−10.99） | （−7.12） | （−8.15） |
| Opinion | 0.0157 | 0.0068 | 0.0075 |
| | （1.60） | （1.02） | （1.19） |
| BIG4 | 0.0060* | 0.0129*** | −0.0059*** |
| | （1.78） | （4.85） | （−2.83） |
| TOP1 | 0.0003*** | 0.0002*** | 0.0000 |
| | （4.13） | （4.32） | （0.75） |
| DUAL | −0.0007 | −0.0049** | 0.0046** |
| | （−0.21） | （−2.09） | （2.13） |
| INDEP | 0.0002 | 0.0003** | −0.0000 |
| | （1.18） | （2.28） | （−0.30） |
| _cons | 0.2744*** | 0.1683*** | 0.0926*** |
| | （10.44） | （8.72） | （5.68） |
| 年份 | 控制 | 控制 | 控制 |
| 行业 | 控制 | 控制 | 控制 |
| 样本量 | 5908 | 5908 | 5908 |
| 调整后的 $R^2$ | 0.5095 | 0.4610 | 0.3259 |

　　注：括号内为估计系数的稳健性 T 统计量；*、**、*** 分别表示在10%、5%、1% 的置信水平上显著。

非国有企业样本的倾向得分配对（PSM）的检验结果如表 4-7 所示，可以看出：

（1）Panel A 报告了均衡性检验结果，匹配后的控制变量标准化偏差（%bias）均小于 10%，说明重复的一对一配对后，控制变量之间不存在明显差异，符合倾向得分配对的基本要求。

（2）Panel B 报告了平均干预效应的结果，ATT 的差异为正，说明个体在干预状态下的平均干预效应显著，即在控制其他匹配变量不变的情况下，学者型高管（ACA）从 0 变为 1，商业信用融资（PAY）、应付账款（APAY）平均分别增加了 0.0026、0.0042。平均干预效应的检验结果与上文的研究结论一致。

（3）Panel C 报告了匹配后样本的回归结果，第（1）~（2）列的学者型高管（ACA）的系数分别在 5%、1% 的置信水平上显著为正；第（3）列的学者型高管（ACA）的系数在边际上为负，说明在控制公司特征方面的差异之后，学者型高管与商业信用融资、应付账款之间的正相关关系仍然成立。

表 4-7　倾向得分配对 – 非国有企业

| Panel A | | | | | | | | |
|---|---|---|---|---|---|---|---|---|
| Variable | Matched/ Unmatched | Mean Treated | Mean Control | %bias | \|bias\| | t | p>\|t\| | V（T）/ V（C） |
| SIZE | U | 21.9390 | 21.8930 | 4.3 | | 2.62 | 0.009 | 1 |
| | M | 21.9400 | 21.9310 | 0.8 | 80.4 | 0.46 | 0.644 | 1.01 |
| ROA | U | 0.0451 | 0.0384 | 10.1 | | 6.15 | 0 | 0.92* |
| | M | 0.0452 | 0.0457 | −0.8 | 92.2 | −0.43 | 0.664 | 0.97 |
| CFO | U | 0.0447 | 0.0425 | 3.3 | | 1.98 | 0.048 | 0.88* |
| | M | 0.0447 | 0.0452 | −0.7 | 78.4 | −0.39 | 0.698 | 0.91* |
| LEV | U | 0.3911 | 0.4218 | −16.3 | | −9.91 | 0 | 0.89* |
| | M | 0.3910 | 0.3916 | −0.3 | 98.1 | −0.17 | 0.864 | 0.93* |
| Bank | U | 0.1109 | 0.1263 | −14.5 | | −8.81 | 0 | 0.86* |
| | M | 0.1108 | 0.1110 | −0.1 | 99 | −0.08 | 0.934 | 0.98 |

续表

| Panel A | | | | | | | | |
|---|---|---|---|---|---|---|---|---|
| Variable | Matched/ Unmatched | Mean Treated | Mean Control | %bias | \|bias\| | t | p>\|t\| | V (T) / V (C) |
| TobinQ | U | 2.7263 | 2.5749 | 8.8 | | 5.38 | 0 | 1.02 |
| | M | 2.7262 | 2.7177 | 0.5 | 94.4 | 0.26 | 0.793 | 0.91* |
| Growth | U | 0.2044 | 0.1999 | 1 | | 0.61 | 0.544 | 0.66* |
| | M | 0.2045 | 0.2090 | −1 | 0.1 | −0.56 | 0.576 | 0.67* |
| PPE | U | 0.1881 | 0.1997 | −8.4 | | −5.11 | 0 | 0.84* |
| | M | 0.1880 | 0.1894 | −1 | 87.7 | −0.58 | 0.562 | 0.90* |
| Opinion | U | 0.9699 | 0.9542 | 8.2 | | 4.91 | 0 | |
| | M | 0.9699 | 0.9712 | −0.7 | 91.5 | −0.43 | 0.666 | |
| BIG4 | U | 0.0376 | 0.0314 | 3.4 | | 2.13 | 0.034 | |
| | M | 0.0376 | 0.0376 | 0 | 98.7 | 0.02 | 0.981 | |
| TOP1 | U | 31.5950 | 32.0750 | −3.5 | | −2.12 | 0.034 | 0.97 |
| | M | 31.6010 | 31.7780 | −1.3 | 63.1 | −0.7 | 0.482 | 0.98 |
| DUAL | U | 0.4579 | 0.2936 | 34.4 | | 21.34 | 0 | |
| | M | 0.4580 | 0.4555 | 0.5 | 98.5 | 0.27 | 0.783 | |
| INDEP | U | 37.7720 | 37.6160 | 2.9 | | 1.78 | 0.076 | 1.04 |
| | M | 37.7730 | 37.7180 | 1 | 65 | 0.55 | 0.58 | 1.03 |

| Panel B | | | | | |
|---|---|---|---|---|---|
| Variable | Sample | Treated | Controls | Difference | S.E. | T−stat |
| PAY | Unmatched | 0.1229 | 0.1224 | 0.0005 | 0.0015 | 0.36 |
| | ATT | 0.1229 | 0.1203 | 0.0026 | 0.0019 | 1.43 |
| | ATU | 0.1224 | 0.1263 | 0.0039 | 0.0021 | 1.88 |
| | ATE | | | 0.0034 | 0.0018 | 1.9 |

续表

| Panel B | | | | | | |
|---|---|---|---|---|---|---|
| Variable | Sample | Treated | Controls | Difference | S.E. | T-stat |
| APAY | Unmatched | 0.0824 | 0.0792 | 0.0032 | 0.0011 | 2.92 |
| | ATT | 0.0824 | 0.0782 | 0.0042 | 0.0013 | 3.2 |
| | ATU | 0.0792 | 0.0830 | 0.0037 | 0.0015 | 2.58 |
| | ATE | | | 0.0039 | 0.0013 | 3.07 |
| NPAY | Unmatched | 0.0395 | 0.0419 | −0.0024 | 0.0009 | −2.58 |
| | ATT | 0.0395 | 0.0404 | −0.0009 | 0.0011 | −0.81 |
| | ATU | 0.0420 | 0.0422 | 0.0003 | 0.0013 | 0.21 |
| | ATE | | | −0.0002 | 0.0011 | −0.16 |

| Panel C | | | |
|---|---|---|---|
| 变量 | （1） | （2） | （3） |
| | PAY | APAY | NPAY |
| ACA | 0.0031** | 0.0040*** | −0.0005 |
| | （2.44） | （4.14） | （−0.52） |
| SIZE | −0.0092*** | −0.0065*** | −0.0023*** |
| | （−10.09） | （−9.33） | （−3.78） |
| ROA | 0.0412*** | 0.0254** | 0.0206** |
| | （2.86） | （2.44） | （2.30） |
| CFO | 0.0209 | 0.0183** | −0.0034 |
| | （1.57） | （2.01） | （−0.41） |
| LEV | 0.3903*** | 0.2231*** | 0.1493*** |
| | （45.96） | （41.02） | （30.19） |
| Bank | −0.3598*** | −0.2138*** | −0.1255*** |
| | （−31.11） | （−27.51） | （−17.58） |
| TobinQ | −0.0051*** | −0.0018*** | −0.0033*** |
| | （−10.47） | （−4.83） | （−11.58） |

续表

| | （1） | （2） | （3） |
|---|---|---|---|
| Panel C | | | |
| 变量 | PAY | APAY | NPAY |
| Growth | −0.0007 | 0.0005 | −0.0008 |
| | （−0.42） | （0.39） | （−0.65） |
| PPE | −0.0136** | −0.0027 | −0.0066* |
| | （−2.30） | （−0.61） | （−1.72） |
| Opinion | 0.0188*** | 0.0098*** | 0.0116*** |
| | （3.59） | （2.80） | （3.45） |
| BIG4 | −0.0096** | −0.0026 | −0.0096*** |
| | （−2.25） | （−0.79） | （−3.27） |
| TOP1 | 0.0002*** | 0.0002*** | 0.0000 |
| | （3.98） | （4.05） | （1.00） |
| DUAL | 0.0008 | 0.0004 | −0.0001 |
| | （0.59） | （0.39） | （−0.06） |
| INDEP | 0.0001 | −0.0001 | 0.0001* |
| | （0.91） | （−0.92） | （1.65） |
| _cons | 0.1489*** | 0.1247*** | 0.0175 |
| | （7.06） | （7.77） | （1.24） |
| 年份 | 控制 | 控制 | 控制 |
| 行业 | 控制 | 控制 | 控制 |
| 样本量 | 11320 | 11320 | 11320 |
| 调整后的 $R^2$ | 0.4585 | 0.4086 | 0.3237 |

注：括号内为估计系数的稳健性 T 统计量；*、**、*** 分别表示在 10%、5%、1% 的置信水平上显著。

### （三）滞后一期检验

为了避免可能存在的互为因果问题，本章将自变量滞后一期进行回归。具体的检验结果如表 4-8 所示。其中，第（1）~（3）列是国有企业的检验结果，第（4）~（6）列是非国有企业的检验结果。可以看出，第（1）~（2）列的学者型高管（ACA）的回归系数均在 1% 的置信水平上显著为负，第（4）~（5）列的学者型高管（ACA）的回归系数均在 1% 的置信水平上显著为正，与上文研究结论基本一致。

表 4-8　滞后一期的检验

| 变量 | 国有企业 | | | 非国有企业 | | |
|---|---|---|---|---|---|---|
| | （1） | （2） | （3） | （4） | （5） | （6） |
| | PAY | APAY | NPAY | PAY | APAY | NPAY |
| ACA | −0.0078*** | −0.0060*** | −0.0016 | 0.0035*** | 0.0037*** | 0.0000 |
| | （−4.15） | （−4.23） | （−1.30） | （2.71） | （3.90） | （0.04） |
| SIZE | −0.0147*** | −0.0077*** | −0.0058*** | −0.0088*** | −0.0066*** | −0.0018*** |
| | （−15.72） | （−11.08） | （−9.54） | （−10.23） | （−10.24） | （−3.13） |
| ROA | 0.0926*** | 0.0436*** | 0.0443*** | 0.0294** | 0.0097 | 0.0209** |
| | （4.29） | （2.60） | （3.25） | （2.22） | （1.00） | （2.49） |
| CFO | 0.0036 | 0.0045 | −0.0027 | 0.0454*** | 0.0400*** | 0.0006 |
| | （0.24） | （0.41） | （−0.27） | （3.64） | （4.77） | （0.08） |
| LEV | 0.3803*** | 0.2135*** | 0.1488*** | 0.3709*** | 0.2135*** | 0.1419*** |
| | （45.79） | （38.65） | （29.02） | （47.85） | （42.66） | （31.22） |
| Bank | −0.3286*** | −0.2273*** | −0.0842*** | −0.3431*** | −0.2032*** | −0.1222*** |
| | （−30.93） | （−31.62） | （−12.32） | （−32.76） | （−28.88） | （−18.66） |
| TobinQ | −0.0088*** | −0.0032*** | −0.0053*** | −0.0053*** | −0.0018*** | −0.0035*** |
| | （−9.99） | （−4.68） | （−10.17） | （−10.99） | （−4.75） | （−12.18） |
| Growth | 0.0027 | 0.0032* | −0.0018 | 0.0010 | 0.0011 | 0.0003 |
| | （0.98） | （1.69） | （−1.23） | （0.54） | （0.85） | （0.25） |
| PPE | −0.0739*** | −0.0334*** | −0.0363*** | −0.0255*** | −0.0099** | −0.0118*** |
| | （−12.87） | （−8.02） | （−10.08） | （−4.45） | （−2.45） | （−3.15） |
| Opinion | 0.0065 | 0.0042 | 0.0030 | 0.0111*** | 0.0052* | 0.0093*** |
| | （0.83） | （0.81） | （0.58） | （2.60） | （1.72） | （3.29） |
| BIG4 | 0.0078*** | 0.0131*** | −0.0045** | −0.0073* | −0.0028 | −0.0077*** |
| | （2.72） | （5.71） | （−2.45） | （−1.77） | （−0.93） | （−2.64） |

| 变量 | 国有企业 | | | 非国有企业 | | |
|---|---|---|---|---|---|---|
| | （1） | （2） | （3） | （4） | （5） | （6） |
| | PAY | APAY | NPAY | PAY | APAY | NPAY |
| TOP1 | 0.0005\*\*\* | 0.0003\*\*\* | 0.0001\*\*\* | 0.0002\*\*\* | 0.0001\*\*\* | 0.0001\* |
| | （8.31） | （7.05） | （3.43） | （3.55） | （2.87） | （1.77） |
| DUAL | −0.0023 | −0.0056\*\*\* | 0.0038\*\* | 0.0008 | 0.0008 | −0.0007 |
| | （−0.85） | （−2.89） | （2.03） | （0.62） | （0.82） | （−0.81） |
| INDEP | −0.0001 | −0.0000 | −0.0000 | 0.0000 | −0.0001 | 0.0001 |
| | （−0.96） | （−0.12） | （−0.41） | （0.19） | （−1.01） | （0.65） |
| _cons | 0.2812\*\*\* | 0.1608\*\*\* | 0.0978\*\*\* | 0.1564\*\*\* | 0.1357\*\*\* | 0.0140 |
| | （12.97） | （10.15） | （6.94） | （7.92） | （9.05） | （1.03） |
| 年份 | 控制 | 控制 | 控制 | 控制 | 控制 | 控制 |
| 行业 | 控制 | 控制 | 控制 | 控制 | 控制 | 控制 |
| 样本量 | 8931 | 8931 | 8931 | 12684 | 12684 | 12684 |
| 调整后的 $R^2$ | 0.5213 | 0.4668 | 0.3384 | 0.4383 | 0.3968 | 0.3032 |

注：括号内为估计系数的稳健性 T 统计量；\*、\*\*、\*\*\* 分别表示在 10%、5%、1% 的置信水平上显著。

## 五、稳健性检验

### （一）变更学者型高管的衡量指标

本章采用虚拟变量对学者型高管进行度量，为确保研究结果的稳健性，本章借鉴周楷唐等（2017）、沈华玉等（2018）的做法，采用学者型高管占比（ACAP）作为学者型高管的替代度量指标，对模型（4–1）进行检验。高管界定范围变更后的回归结果如表 4–9 所示。其中，第（1）列为国有企业的检验结果，第（4）~（6）列为非国有企业的回归结果。可以看出，第（1）~（3）列中，学者型高管占比（ACAP）的回归系数在 1% 的置信水平上显著为负；第（4）~（5）列中，学者型高管占比（ACAP）的回归系数在 5% 的置信水平上显著为正；第（6）列的学者型高管占比（ACAP）的回归系数边际上为正但不显著，研究结论与上文基本一致。

表 4-9　变更学者型高管的衡量指标

| 变量 | 国有企业 | | | 非国有企业 | | |
|---|---|---|---|---|---|---|
| | （1） | （2） | （3） | （4） | （5） | （6） |
| | TC | PAY | APAY | NPAY | REC | AREC |
| ACAP | −0.0320*** | −0.0255*** | −0.0052 | 0.0073** | 0.0067** | 0.0019 |
| | （−5.50） | （−5.68） | （−1.32） | （1.96） | （2.42） | （0.70） |
| SIZE | −0.0145*** | −0.0077*** | −0.0055*** | −0.0090*** | −0.0064*** | −0.0022*** |
| | （−16.91） | （−12.19） | （−9.93） | （−11.61） | （−11.01） | （−4.16） |
| ROA | 0.0755*** | 0.0270* | 0.0433*** | 0.0449*** | 0.0190** | 0.0267*** |
| | （3.96） | （1.81） | （3.64） | （3.77） | （2.15） | （3.47） |
| CFO | 0.0182 | 0.0186* | −0.0013 | 0.0307*** | 0.0269*** | −0.0001 |
| | （1.33） | （1.87） | （−0.15） | （2.82） | （3.61） | （−0.01） |
| LEV | 0.3668*** | 0.2070*** | 0.1420*** | 0.3701*** | 0.2145*** | 0.1399*** |
| | （48.25） | （41.80） | （30.72） | （53.15） | （47.56） | （34.82） |
| Bank | −0.3125*** | −0.2195*** | −0.0763*** | −0.3414*** | −0.2066*** | −0.1167*** |
| | （−31.66） | （−33.42） | （−12.29） | （−35.81） | （−32.27） | （−19.86） |
| TobinQ | −0.0096*** | −0.0038*** | −0.0055*** | −0.0057*** | −0.0020*** | −0.0037*** |
| | （−12.56） | （−6.28） | （−12.68） | （−13.53） | （−6.14） | （−14.90） |
| Growth | 0.0032 | 0.0037** | −0.0018 | −0.0004 | 0.0001 | −0.0004 |
| | （1.34） | （2.24） | （−1.35） | （−0.30） | （0.10） | （−0.44） |
| PPE | −0.0733*** | −0.0327*** | −0.0358*** | −0.0232*** | −0.0079** | −0.0113*** |
| | （−13.66） | （−8.54） | （−10.84） | （−4.58） | （−2.19） | （−3.45） |
| Opinion | 0.0102 | 0.0037 | 0.0063 | 0.0158*** | 0.0078*** | 0.0105*** |
| | （1.50） | （0.84） | （1.47） | （4.02） | （2.81） | （4.07） |
| BIG4 | 0.0068** | 0.0127*** | −0.0053*** | −0.0066* | −0.0018 | −0.0075*** |
| | （2.57） | （6.04） | （−3.18） | （−1.75） | （−0.65） | （−2.87） |

续表

| 变量 | 国有企业 | | | 非国有企业 | | |
|---|---|---|---|---|---|---|
| | （1） | （2） | （3） | （4） | （5） | （6） |
| | TC | PAY | APAY | NPAY | REC | AREC |
| TOP1 | 0.0004*** | 0.0003*** | 0.0001*** | 0.0002*** | 0.0001*** | 0.0001*** |
| | （8.18） | （6.93） | （3.41） | （5.20） | （4.11） | （2.73） |
| DUAL | −0.0011 | −0.0046** | 0.0040** | 0.0014 | 0.0010 | −0.0001 |
| | （−0.43） | （−2.55） | （2.36） | （1.20） | （1.12） | （−0.09） |
| INDEP | −0.0001 | 0.0000 | −0.0001 | 0.0000 | −0.0001 | 0.0000 |
| | （−1.07） | （0.11） | （−0.85） | （0.25） | （−0.90） | （0.51） |
| _cons | 0.2761*** | 0.1650*** | 0.0883*** | 0.1536*** | 0.1300*** | 0.0176 |
| | （14.28） | （11.73） | （7.15） | （8.69） | （9.71） | （1.47） |
| 年份 | 控制 | 控制 | 控制 | 控制 | 控制 | 控制 |
| 行业 | 控制 | 控制 | 控制 | 控制 | 控制 | 控制 |
| 样本量 | 10739 | 10739 | 10739 | 16065 | 16065 | 16065 |
| 调整后的 $R^2$ | 0.5101 | 0.4584 | 0.3348 | 0.4361 | 0.3941 | 0.3100 |

注：括号内为估计系数的稳健性 T 统计量；*、**、*** 分别表示在 10%、5%、1% 的置信水平上显著。

### （二）变更高管的界定范围

由于现有研究成果存在较为多种的高管团队界定方法，为避免高管团队界定方法对本章研究结论产生的影响，本章通过变更高管团队的界定方法进行稳健性检验。这里将高管团队界定为 CEO 与 CFO，对模型（4-1）进行检验。高管界定范围变更后的回归结果如表 4-10 所示。其中，第（1）~（3）列为国有企业的检验结果，第（4）~（6）列为非国有企业的回归结果。可以看出，第（1）列中，学者型高管（ACA）的回归系数在 1% 的置信水平上显著为负；第（5）列中，学者型高管（ACA）的回归系数在 10% 的置信水平上显著为正；第（4）、第（6）列的学者型高管（ACA）的回归系数边际上为正但不显著，研究结论与上文基本一致。

表 4-10　变更高管范围

| 变量 | 国有企业 | | | 非国有企业 | | |
|---|---|---|---|---|---|---|
| | （1） | （2） | （3） | （4） | （5） | （6） |
| | TC | PAY | APAY | NPAY | REC | AREC |
| ACA | −0.0120*** | −0.0077*** | −0.0033** | 0.0020 | 0.0018* | 0.0005 |
| | （−4.98） | （−4.18） | （−2.02） | （1.48） | （1.86） | （0.50） |
| SIZE | −0.0145*** | −0.0078*** | −0.0055*** | −0.0090*** | −0.0064*** | −0.0022*** |
| | （−17.04） | （−12.39） | （−9.91） | （−11.55） | （−10.94） | （−4.14） |
| ROA | 0.0748*** | 0.0265* | 0.0432*** | 0.0446*** | 0.0187** | 0.0266*** |
| | （3.93） | （1.77） | （3.63） | （3.75） | （2.12） | （3.46） |
| CFO | 0.0192 | 0.0193* | −0.0011 | 0.0305*** | 0.0268*** | −0.0001 |
| | （1.39） | （1.94） | （−0.13） | （2.81） | （3.59） | （−0.02） |
| LEV | 0.3674*** | 0.2076*** | 0.1420*** | 0.3699*** | 0.2143*** | 0.1399*** |
| | （48.30） | （41.93） | （30.70） | （53.05） | （47.49） | （34.77） |
| Bank | −0.3136*** | −0.2204*** | −0.0764*** | −0.3415*** | −0.2066*** | −0.1167*** |
| | （−31.69） | （−33.48） | （−12.30） | （−35.83） | （−32.29） | （−19.87） |
| TobinQ | −0.0097*** | −0.0039*** | −0.0055*** | −0.0057*** | −0.0020*** | −0.0037*** |
| | （−12.78） | （−6.55） | （−12.63） | （−13.49） | （−6.09） | （−14.89） |
| Growth | 0.0034 | 0.0038** | −0.0017 | −0.0005 | 0.0001 | −0.0004 |
| | （1.44） | （2.33） | （−1.30） | （−0.30） | （0.10） | （−0.44） |
| PPE | −0.0721*** | −0.0317*** | −0.0357*** | −0.0234*** | −0.0080** | −0.0114*** |
| | （−13.46） | （−8.29） | （−10.82） | （−4.60） | （−2.22） | （−3.46） |
| Opinion | 0.0099 | 0.0034 | 0.0062 | 0.0159*** | 0.0079*** | 0.0105*** |
| | （1.44） | （0.77） | （1.45） | （4.04） | （2.83） | （4.08） |
| BIG4 | 0.0065** | 0.0125*** | −0.0053*** | −0.0065* | −0.0017 | −0.0075*** |
| | （2.46） | （5.91） | （−3.19） | （−1.74） | （−0.63） | （−2.87） |
| TOP1 | 0.0004*** | 0.0003*** | 0.0001*** | 0.0002*** | 0.0001*** | 0.0001*** |
| | （8.11） | （6.91） | （3.34） | （5.19） | （4.10） | （2.72） |
| DUAL | −0.0009 | −0.0045** | 0.0041** | 0.0014 | 0.0009 | −0.0001 |
| | （−0.34） | （−2.50） | （2.42） | （1.11） | （1.01） | （−0.10） |

续表

| 变量 | 国有企业 | | | 非国有企业 | | |
|---|---|---|---|---|---|---|
| | （1） | （2） | （3） | （4） | （5） | （6） |
| | TC | PAY | APAY | NPAY | REC | AREC |
| INDEP | −0.0001 | 0.0000 | −0.0001 | 0.0000 | −0.0001 | 0.0000 |
| | （−1.11） | （0.07） | （−0.86） | （0.23） | （−0.93） | （0.50） |
| _cons | 0.2775*** | 0.1666*** | 0.0882*** | 0.1532*** | 0.1296*** | 0.0175 |
| | （14.36） | （11.86） | （7.14） | （8.66） | （9.68） | （1.46） |
| 年份 | 控制 | 控制 | 控制 | 控制 | 控制 | 控制 |
| 行业 | 控制 | 控制 | 控制 | 控制 | 控制 | 控制 |
| 样本量 | 10739 | 10739 | 10739 | 16065 | 16065 | 16065 |
| 调整后的 $R^2$ | 0.5098 | 0.4576 | 0.3350 | 0.4360 | 0.3940 | 0.3100 |

注：括号内为估计系数的稳健性 T 统计量；*、**、*** 分别表示在 10%、5%、1% 的置信水平上显著。

### （三）控制高管团队的其他个人特征

考虑会计信息可比性可能会受到高管团队其他个人特征的影响，本章添加了高管的年龄、性别、教育背景、海外背景等作为高管团队个人特征的控制变量，对模型（4–1）进行检验。

上述高管团队个人特征的控制变量度量方式如下：

（1）年龄（TMTage）为高管团队的平均年龄，采用高管团队的平均年龄进行衡量；

（2）性别（TMTgender）为女性高管占比，在高管的性别进行赋值的基础上（女性赋值为 1，男性则为 0），计算女性高管占比；

（3）教育背景（TMTedu）为高管团队的平均受教育程度，依次将高管的最高受教育程度按照初中、高中、本科、硕士、博士分别赋值为 1~5，并计算高管团队平均的受教育程度[1]；

（4）海外背景（TMToversea）为高管团队的海外背景占比，在对高管海外背景进行赋值的基础上（高管具有海外背景赋值为 1，否则为 0），计算有海外

---

① 由于高管团队的学历数据有缺失，导致研究样本减少至 10012。

背景的高管占比。

检验结果如表 4—11 所示。其中，第（1）~（3）列为国有企业的检验结果，第（4）~（6）列为非国有企业的回归结果。可以看出，第（1）~（3）列中，学者型高管（ACA）的回归系数均在 1% 的置信水平上显著为负；第（5）列中，学者型高管（ACA）的回归系数在 1% 的置信水平上显著为正；第（6）列的学者型高管（ACA）的回归系数不显著，研究结论与上文基本一致。

表 4—11　控制高管的其他个人特征

| 变量 | （1） | （2） | （3） | （4） | （5） | （6） |
|---|---|---|---|---|---|---|
| | TC | PAY | APAY | NPAY | REC | AREC |
| ACA | −0.0081*** | −0.0048*** | −0.0032*** | 0.0028** | 0.0036*** | −0.0005 |
| | （−4.68） | （−3.67） | （−2.81） | （2.44） | （4.16） | （−0.68） |
| TMTage | −0.0143*** | −0.0077*** | −0.0054*** | −0.0091*** | −0.0065*** | −0.0022*** |
| | （−16.73） | （−12.14） | （−9.74） | （−11.68） | （−11.16） | （−4.11） |
| TMTgender | 0.0752*** | 0.0267* | 0.0434*** | 0.0447*** | 0.0186** | 0.0268*** |
| | （3.95） | （1.79） | （3.64） | （3.75） | （2.11） | （3.48） |
| TMToversea | 0.0184 | 0.0189* | −0.0014 | 0.0307*** | 0.0270*** | −0.0002 |
| | （1.34） | （1.89） | （−0.16） | （2.83） | （3.62） | （−0.02） |
| TMTedu | 0.3672*** | 0.2075*** | 0.1417*** | 0.3702*** | 0.2147*** | 0.1398*** |
| | （48.27） | （41.88） | （30.68） | （53.19） | （47.64） | （34.78） |
| SIZE | −0.3123*** | −0.2196*** | −0.0759*** | −0.3414*** | −0.2064*** | −0.1168*** |
| | （−31.65） | （−33.42） | （−12.25） | （−35.81） | （−32.28） | （−19.88） |
| ROA | −0.0096*** | −0.0039*** | −0.0055*** | −0.0057*** | −0.0020*** | −0.0037*** |
| | （−12.64） | （−6.44） | （−12.52） | （−13.53） | （−6.16） | （−14.88） |
| CFO | 0.0031 | 0.0036** | −0.0018 | −0.0004 | 0.0001 | −0.0004 |
| | （1.31） | （2.21） | （−1.37） | （−0.29） | （0.13） | （−0.45） |
| LEV | −0.0730*** | −0.0322*** | −0.0361*** | −0.0233*** | −0.0078** | −0.0115*** |
| | （−13.63） | （−8.42） | （−10.95） | （−4.59） | （−2.16） | （−3.49） |
| Bank | 0.0103 | 0.0037 | 0.0063 | 0.0158*** | 0.0077*** | 0.0106*** |
| | （1.50） | （0.83） | （1.48） | （4.01） | （2.78） | （4.09） |

续表

| 变量 | （1）<br>TC | （2）<br>PAY | （3）<br>APAY | （4）<br>NPAY | （5）<br>REC | （6）<br>AREC |
|---|---|---|---|---|---|---|
| TobinQ | 0.0069***<br>（2.59） | 0.0127***<br>（5.99） | −0.0051***<br>（−3.08） | −0.0067*<br>（−1.77） | −0.0019<br>（−0.69） | −0.0075***<br>（−2.86） |
| Growth | 0.0004***<br>（8.06） | 0.0003***<br>（6.89） | 0.0001***<br>（3.28） | 0.0002***<br>（5.22） | 0.0001***<br>（4.15） | 0.0001***<br>（2.70） |
| PPE | −0.0010<br>（−0.39） | −0.0046**<br>（−2.56） | 0.0042**<br>（2.43） | 0.0013<br>（1.10） | 0.0007<br>（0.81） | 0.0001<br>（0.12） |
| Opinion | −0.0001<br>（−1.10） | 0.0000<br>（0.07） | −0.0001<br>（−0.85） | 0.0000<br>（0.26） | −0.0001<br>（−0.88） | 0.0000<br>（0.50） |
| BIG4 | 0.2737***<br>（14.12） | 0.1645***<br>（11.67） | 0.0864***<br>（6.99） | 0.1543***<br>（8.74） | 0.1308***<br>（9.79） | 0.0175<br>（1.47） |
| TOP1 | −0.0081***<br>（−4.68） | −0.0048***<br>（−3.67） | −0.0032***<br>（−2.81） | 0.0028**<br>（2.44） | 0.0036***<br>（4.16） | −0.0005<br>（−0.68） |
| DUAL | −0.0143***<br>（−16.73） | −0.0077***<br>（−12.14） | −0.0054***<br>（−9.74） | −0.0091***<br>（−11.68） | −0.0065***<br>（−11.16） | −0.0022***<br>（−4.11） |
| INDEP | 0.0752***<br>（3.95） | 0.0267*<br>（1.79） | 0.0434***<br>（3.64） | 0.0447***<br>（3.75） | 0.0186**<br>（2.11） | 0.0268***<br>（3.48） |
| _cons | 0.0184<br>（1.34） | 0.0189*<br>（1.89） | −0.0014<br>（−0.16） | 0.0307***<br>（2.83） | 0.0270***<br>（3.62） | −0.0002<br>（−0.02） |
| 年份 | 控制 | 控制 | 控制 | 控制 | 控制 | 控制 |
| 行业 | 控制 | 控制 | 控制 | 控制 | 控制 | 控制 |
| 样本量 | 10739 | 10739 | 10739 | 16065 | 16065 | 16065 |
| 调整后的 $R^2$ | 0.5098 | 0.4575 | 0.3352 | 0.4361 | 0.3945 | 0.3100 |

注：括号内为估计系数的稳健性 T 统计量；*、**、*** 分别表示在 10%、5%、1% 的置信水平上显著。

107

### （四）变更回归模型（聚类处理）

为了防止公司个体因素的影响，避免误差项出现聚类现象，从而导致 T 统计量被高估，本章按照公司对标准误差进行了聚类处理（Clustered by Firm），并对模型（4-1）进行检验。聚类处理的检验结果如表 4-12 所示，其中，第（1）~（3）列为国有企业的检验结果，第（4）~（6）列为非国有企业的回归结果。可以看出，第（1）~（3）列中，学者型高管（ACA）的回归系数分别在 5%、10%、10% 的置信水平上显著为负；第（5）列中，学者型高管（ACA）的回归系数在 5% 的置信水平上显著为正；第（4）、第（6）列的学者型高管（ACA）的回归系数不显著，研究结论与上文基本一致。

表 4-12　变更回归模型

| 变量 | （1） | （2） | （3） | （4） | （5） | （6） |
| --- | --- | --- | --- | --- | --- | --- |
| | TC | PAY | APAY | NPAY | REC | AREC |
| ACA | −0.0081** | −0.0048* | −0.0032* | 0.0028 | 0.0036** | −0.0005 |
| | （−2.24） | （−1.84） | （−1.65） | （1.29） | （2.43） | （−0.41） |
| SIZE | −0.0143*** | −0.0077*** | −0.0054*** | −0.0091*** | −0.0065*** | −0.0022** |
| | （−7.12） | （−5.61） | （−4.64） | （−5.62） | （−6.05） | （−2.17） |
| ROA | 0.0752*** | 0.0267 | 0.0434*** | 0.0447*** | 0.0186* | 0.0268*** |
| | （2.67） | （1.22） | （2.73） | （2.99） | （1.76） | （2.76） |
| CFO | 0.0184 | 0.0189 | −0.0014 | 0.0307** | 0.0270*** | −0.0002 |
| | （1.04） | （1.55） | （−0.13） | （2.38） | （3.13） | （−0.02） |
| LEV | 0.3672*** | 0.2075*** | 0.1417*** | 0.3702*** | 0.2147*** | 0.1398*** |
| | （21.47） | （20.91） | （14.46） | （28.56） | （27.85） | （19.42） |
| Bank | −0.3123*** | −0.2196*** | −0.0759*** | −0.3414*** | −0.2064*** | −0.1168*** |
| | （−14.38） | （−17.43） | （−5.88） | （−19.35） | （−18.85） | （−11.39） |
| TobinQ | −0.0096*** | −0.0039*** | −0.0055*** | −0.0057*** | −0.0020*** | −0.0037*** |
| | （−6.97） | （−3.81） | （−7.19） | （−8.89） | （−4.19） | （−9.82） |
| Growth | 0.0031 | 0.0036** | −0.0018 | −0.0004 | 0.0001 | −0.0004 |
| | （1.22） | （2.18） | （−1.27） | （−0.27） | （0.11） | （−0.42） |
| PPE | −0.0730*** | −0.0322*** | −0.0361*** | −0.0233** | −0.0078 | −0.0115* |
| | （−6.14） | （−4.07） | （−5.22） | （−2.37） | （−1.20） | （−1.94） |

续表

| 变量 | （1） | （2） | （3） | （4） | （5） | （6） |
|---|---|---|---|---|---|---|
| | TC | PAY | APAY | NPAY | REC | AREC |
| Opinion | 0.0103 | 0.0037 | 0.0063 | 0.0158*** | 0.0077** | 0.0106*** |
| | （1.05） | （0.61） | （1.10） | （3.30） | （2.24） | （3.33） |
| BIG4 | 0.0069 | 0.0127** | −0.0051 | −0.0067 | −0.0019 | −0.0075 |
| | （0.98） | （2.39） | （−1.30） | （−0.74） | （−0.31） | （−1.24） |
| TOP1 | 0.0004*** | 0.0003*** | 0.0001 | 0.0002** | 0.0001** | 0.0001 |
| | （3.33） | （3.06） | （1.50） | （2.41） | （2.06） | （1.40） |
| DUAL | −0.0010 | −0.0046 | 0.0042 | 0.0013 | 0.0007 | 0.0001 |
| | （−0.22） | （−1.42） | （1.41） | （0.60） | （0.47） | （0.07） |
| INDEP | −0.0001 | 0.0000 | −0.0001 | 0.0000 | −0.0001 | 0.0000 |
| | （−0.53） | （0.04） | （−0.44） | （0.15） | （−0.51） | （0.30） |
| _cons | 0.2737*** | 0.1645*** | 0.0864*** | 0.1543*** | 0.1308*** | 0.0175 |
| | （6.30） | （5.56） | （3.42） | （4.39） | （5.32） | （0.81） |
| 年份 | 控制 | 控制 | 控制 | 控制 | 控制 | 控制 |
| 行业 | 控制 | 控制 | 控制 | 控制 | 控制 | 控制 |
| 样本量 | 10739 | 10739 | 10739 | 16065 | 16065 | 16065 |
| 调整后的 $R^2$ | 0.5098 | 0.4575 | 0.3352 | 0.4361 | 0.3945 | 0.3100 |

注：括号内为估计系数的稳健性 T 统计量；*、**、*** 分别表示在 10%、5%、1% 的置信水平上显著。

## 六、进一步检验

上文的研究成果说明，学者型高管能够降低国有企业的商业信用融资，增加非国有企业的商业信用融资。但尚未对相应的影响机制进行检验。因此，本章将对潜在的影响机制进行检验。具体而言：

第一，对于国有企业而言，学者型高管减少商业信用融资规模，降低对供应商资金的占用，主要是因为供应商合作关系还是体恤效应，有待检验。

第二，对于非国有企业而言，学者型高管增加商业信用融资规模，主要是因为竞争力机制还是信任机制，有待检验。

**（一）国有企业的机制检验**

现有研究认为，随着供应商集中度的提高，企业可能与主要的客户和供应商形成了良好的合作关系（方红星，2017）。如果学者型高管降低企业商业信用融资规模主要是由于与供应商建立良好的合作关系，那么可以预期，学者型高管对商业信用融资的影响在供应商集中度较高的企业更为明显。同时，现有研究发现，客户集中度的提高会激励买方体恤供应商，降低商业信用侵占（吴娜和于博，2017）。如果学者型高管降低企业商业信用融资规模主要是由于体恤供应商，那么可以预期，随着供应商集中度的下降，国有企业议价能力越强，越有利于国有企业占用供应商的资金。如果随着供应商集中度的降低，学者型高管对商业信用融资的影响在供应商集中度较低的企业更为明显，则说明学者型高管能够发挥体恤效应，降低对供应商资金的占用。

根据上文分析，本章在模型（4-1）的基础上，加入供应商集中度（SUP）、学者型高管和供应商集中度的交乘项（ACA×SUP）两个变量进行检验，具体如模型（4-2）所示。本章主要关注学者型高管和供应商集中度的交乘项（ACA×SUP）的系数。ACA×SUP 的系数如果显著为负，说明学者型高管降低商业信用融资的主要原因是国有企业与供应商建立良好的合作关系；ACA×SUP的系数如果显著为正，说明学者型高管降低商业信用融资的主要原因是国有企业对供应商的体恤效应；如果 ACA×SUP 的系数不显著，说明上述原因并重。

$$PAY_t = a_0 + a_1 ACA_t + a_2 SUP + a_3 ACA \times SUP + \sum_{i=1}^{n} a_{4i} CONTROL_i +$$
$$\sum_{j=1}^{n} a_{5j} IND_j + \sum_{k=1}^{n} a_{6i} YEAR_k + e_i \tag{4-2}$$

其中，供应商集中度的度量方式为：在方红星等（2017）对供应商集中度赋值的基础上，本章采用行业均值调整后的供应商集中度赫芬达尔指数来反映客户集中度，并记为 SUP。具体的计算方法如下：首先，从财务报表附注中获取前五大主要供应商采购额，并计算前五大供应商采购额占比的平方和（赫芬达尔指数）。其次，为消除研究样本的行业差异造成的影响，将上述计算所得的赫芬达尔指数减去分年度的行业均值，所得结果作为供应商集中度的衡量指标。SUP 数值越大，表示客户集中度越高。

表4-13 第（1）列报告了学者型高管与国有企业商业信用融资的机制检验结果。可以看出，学者型高管（ACA）的系数在 1% 的置信水平上显著为负，与上文研究结论一致；供应商集中度（SUP）的系数在 1% 的置信水平上

显著为负，说明供应商集中度的提高会降低企业商业信用融资的规模，与现有研究成果的结论一致；学者型高管和供应商集中度的交乘项（ACA×SUP）系数在 10% 的置信水平上显著为正，说明体恤效应是学者型高管影响国有企业商业信用融资的主要原因。

**（二）非国有企业**

上文在理论分析与假设推导中提到，学者型高管主要通过竞争力机制和信任机制促进非国有企业获取更大规模的商业信用融资。因此，本章将对上述两种机制进行检验。

1. 信任机制

第一，现有研究发现，良好的声誉能够帮助企业获取债务融资，降低债务融资成本（李辰颖和刘红霞，2013）。作为非正式制度的声誉能够与正式制度安排形成有效互补。在正式制度不够健全的地区，企业声誉和企业家声誉能够弥补正式制度的不足（魏志华等，2014；陈胜蓝和马慧，2018）。因此，本章认为学者型高管具有较高的声誉，或者能够增强企业的声誉，并且在制度建设不够健全的地区，对商业信用融资的积极作用更加显著。因此，本书在模型（4–1）的基础上分别加入社会信任（TRUST）和社会信任与学者型高管的交乘项（ACA×TRUST）、非国有经济发展程度（ECO）和非国有经济发展程度与学者型高管的交乘项（ACA×ECO）、法律环境发展程度（LAW）和法律环境发展程度与学者型高管的交乘项（ACA×LAW）进行检验，具体如模型（4–3）~模型（4–5）所示。

$$PAY_t=a_0+a_1ACA_t+a_2ACA_t\times TRUST+a_3TRUST_t+\sum_{i=1}^{n}a_{4i}CONTROL_i+$$
$$\sum_{j=1}^{n}a_{5j}IND_j+\sum_{k=1}^{n}a_{6i}YEAR_k+e_i \qquad (4-3)$$

$$PAY_t=a_0+a_1ACA_t+a_2ACA_t\times ECO+a_3ECO_t+\sum_{i=1}^{n}a_{4i}CONTROL_i+$$
$$\sum_{j=1}^{n}a_{5j}IND_j+\sum_{k=1}^{n}a_{6i}YEAR_k+e_i \qquad (4-4)$$

$$PAY_t=a_0+a_1ACA_t+a_2ACA_t\times LAW+a_3LAW_t+\sum_{i=1}^{n}a_{4i}CONTROL_i+$$
$$\sum_{j=1}^{n}a_{5j}IND_j+\sum_{k=1}^{n}a_{6i}YEAR_k+e_i \qquad (4-5)$$

其中，社会信任指数（TRUST）来源于"中国企业家调查系统"中调查对象对"您认为哪五个地区的公司比较守信用"这一问题的回答的加权计算结果；非国有经济发展程度指数（ECO）来源于樊纲市场化程度指数中的非国有经济发展评分；法律环境发展程度指数（LAW）来源于樊纲市场化程度指数中的市场中介组织的发育和法律环境评分。对于樊纲市场化程度指数缺失年份的数值，采用平滑计算的方法进行补充。

表4-13中第（2）~（4）列报告了模型（4-3）~模型（4-5）的检验结果。第（2）列中，社会信任（TRUST）的回归系数在1%的置信水平上显著为正，说明社会信任水平越高，非国有企业越能够获取更多的商业信用融资；学者型高管的交乘项（ACA×TRUST）的回归系数在1%的置信水平上显著为负，说明学者型高管对非国有企业商业信用融资的影响在社会信任水平较低的地区更加显著。第（3）列中，非国有经济发展程度（ECO）的回归系数在1%的置信水平上显著为正，说明非国有经济发展程度越高，非国有企业越能够获取更多的商业信用融资；非国有经济发展程度与学者型高管的交乘项（ACA×ECO）的回归系数在1%的置信水平上显著为负，说明学者型高管有助于非国有经济发展程度较低地区的非国有上市公司获取商业信用。第（4）列中，法律环境发展程度（LAW）的回归系数在1%的置信水平上显著为正，说明地区法律发展水平越高，非国有企业越能获取更多的商业信用融资。法律环境发展程度与学者型高管的交乘项（ACA×LAW）的回归系数在1%的置信水平上显著为负，说明学者型高管有助于法律发展程度较低地区的非国有上市公司获取商业信用。可以看出，学者型高管能够缓解制度建设不健全产生的负面影响，通过声誉机制帮助处于制度不健全地区的非国有上市公司获取更多的商业信用融资。

第二，现有研究发现，会计师事务所审计具有外部治理作用，增强财务报告的可信赖程度。学者型高管能够发挥一定的内部治理作用，本章认为学者型高管能够与外部治理互补，在外部治理不健全的时候，帮助企业获取更多商业信用融资。因此，在模型（4-1）的基础上分别加入会计师事务所审计（BIG10）、会计师事务所审计与学者型高管的交乘项（ACA×BIG10）进行检验，具体如模型（4-6）所示。

$$PAY_t = a_0 + a_1 ACA_t + a_2 ACA_t \times BIG10 + a_3 BIG10_t + \sum_{i=1}^{n} a_{4i} CONTROL_i +$$

$$\sum_{j=1}^{n} a_{5j} IND_j + \sum_{k=1}^{n} a_{6i} YEAR_k + e_i \tag{4-6}$$

其中，会计师事务所审计的度量方式为国内前十大会计师事务所的虚拟变量，如果事务所为前十大会计师事务所，则认定为"大所"，赋值为1，否则认定为小所，赋值为0。

表4-13中第（2）~（4）列报告了模型（4-6）的检验结果。可以看出，会计师事务所审计与学者型高管的交乘项（ACA×BIG10）的回归系数在10%的置信水平上显著为负，说明学者型高管对商业信用融资的影响在会计师事务所规模较小的样本中更突出，说明学者型高管能够与外部治理形成有效的互补，通过声誉机制帮助处于外部治理不健全的非国有上市公司获取更多的商业信用融资。

2. 竞争力机制

商业信用的买方市场假说认为，强势买方迫使卖方让渡流动性，进而获得更多的商业信用。第三章研究发现，学者型高管能够提高企业创新绩效，增强企业竞争优势。因此，本章认为学者型高管对商业信用融资的影响，在竞争优势提升明显的非国有企业中更加显著。因此，本书在模型（4-1）的基础上加入专利申请（APPLY）、专利申请与学者型高管的交乘项（ACA×APPLY）进行检验，具体如模型（4-7）所示。

$$PAY_t=a_0+a_1ACA_t+a_2ACA_t\times APPLY+a_3APPLY_t+\sum_{i=1}^{n}a_{4i}CONTROL_i+$$

$$\sum_{j=1}^{n}a_{5j}IND_j+\sum_{k=1}^{n}a_{6i}YEAR_k+e_i \tag{4-7}$$

其中，专利申请的度量方式与第三章相同，在此不再赘述。

表4-13第（2）~（4）列报告了模型（4-7）的检验结果。可以看出，专利申请与学者型高管的交乘项（ACA×APPLY）在5%的置信水平上显著为正，说明学者型高管对非国有企业获取商业信用融资的影响，在专利申请更多企业中更加显著，体现了学者型高管对商业信用融资影响的竞争力机制。

表4-13　机制检验

| 变量 | （1） | （2） | （3） | （4） | （5） | （6） |
|------|------|------|------|------|------|------|
| | PAY | PAY | PAY | PAY | PAY | PAY |
| ACA | −0.0075*** | 0.0133*** | 0.0185*** | 0.0132*** | 0.0052*** | −0.0045 |
| | （−3.61） | （6.61） | （3.67） | （4.98） | （2.96） | （−1.38） |
| SUP | −0.0256*** | | | | | |
| | （−3.25） | | | | | |

续表

| 变量 | （1） | （2） | （3） | （4） | （5） | （6） |
|------|------|------|------|------|------|------|
| | PAY | PAY | PAY | PAY | PAY | PAY |
| ACA × SUP | 0.0304* | | | | | |
| | （1.78） | | | | | |
| ACA × Score | | −0.0001*** | | | | |
| | | （−6.42） | | | | |
| Score | | 0.0001*** | | | | |
| | | （9.35） | | | | |
| ACA × ECO | | | −0.0017*** | | | |
| | | | （−3.29） | | | |
| ECO | | | 0.0056*** | | | |
| | | | （14.91） | | | |
| ACA × LAW | | | | −0.0010*** | | |
| | | | | （−4.60） | | |
| LAW | | | | 0.0016*** | | |
| | | | | （10.97） | | |
| ACA × BIG10 | | | | | −0.0043* | |
| | | | | | （−1.92） | |
| BIG10 | | | | | 0.0056*** | |
| | | | | | （3.86） | |
| ACA × APPLY | | | | | | 0.0021** |
| | | | | | | （2.08） |
| APPLY | | | | | | 0.0073*** |
| | | | | | | （9.91） |
| SIZE | −0.0160*** | −0.0088*** | −0.0088*** | −0.0089*** | −0.0091*** | −0.0191*** |
| | （−16.12） | （−11.26） | （−11.28） | （−11.35） | （−11.58） | （−17.12） |
| ROA | 0.0848*** | 0.0450*** | 0.0374*** | 0.0424*** | 0.0434*** | 0.0594*** |
| | （3.85） | （3.73） | （3.10） | （3.51） | （3.59） | （3.29） |
| CFO | 0.0213 | 0.0286*** | 0.0284*** | 0.0254** | 0.0302*** | 0.0143 |
| | （1.35） | （2.62） | （2.61） | （2.33） | （2.76） | （1.08） |

续表

| 变量 | （1） | （2） | （3） | （4） | （5） | （6） |
|---|---|---|---|---|---|---|
| | PAY | PAY | PAY | PAY | PAY | PAY |
| LEV | 0.3945*** | 0.3717*** | 0.3711*** | 0.3702*** | 0.3700*** | 0.4288*** |
| | （53.42） | （53.36） | （53.44） | （53.24） | （52.92） | （46.88） |
| Bank | −0.3355*** | −0.3434*** | −0.3468*** | −0.3421*** | −0.3412*** | −0.3978*** |
| | （−31.54） | （−35.98） | （−36.59） | （−35.94） | （−35.59） | （−31.26） |
| TobinQ | −0.0096*** | −0.0058*** | −0.0054*** | −0.0057*** | −0.0058*** | −0.0063*** |
| | （−10.11） | （−13.51） | （−12.84） | （−13.41） | （−13.64） | （−11.22） |
| Growth | 0.0026 | −0.0001 | 0.0002 | −0.0000 | −0.0002 | 0.0002 |
| | （1.11） | （−0.10） | （0.10） | （−0.02） | （−0.16） | （0.07） |
| PPE | −0.0759*** | −0.0198*** | −0.0200*** | −0.0193*** | −0.0234*** | −0.0024 |
| | （−11.60） | （−3.88） | （−3.96） | （−3.80） | （−4.58） | （−0.38） |
| Opinion | 0.0079 | 0.0137*** | 0.0149*** | 0.0143*** | 0.0145*** | 0.0082 |
| | （1.20） | （3.46） | （3.79） | （3.61） | （3.66） | （1.28） |
| BIG4 | 0.0010 | −0.0081** | −0.0072* | −0.0071* | −0.0086** | −0.0181*** |
| | （0.28） | （−2.13） | （−1.91） | （−1.86） | （−2.27） | （−3.39） |
| TOP1 | 0.0004*** | 0.0002*** | 0.0002*** | 0.0002*** | 0.0002*** | 0.0002*** |
| | （6.88） | （4.85） | （4.29） | （4.54） | （5.01） | （4.10） |
| DUAL | −0.0055* | 0.0008 | 0.0008 | 0.0008 | 0.0014 | −0.0010 |
| | （−1.84） | （0.63） | （0.67） | （0.65） | （1.13） | （−0.71） |
| INDEP | −0.0000 | 0.0000 | −0.0000 | 0.0000 | 0.0000 | −0.0001 |
| | （−0.22） | （0.11） | （−0.00） | （0.23） | （0.07） | （−0.82） |
| _cons | 0.2945*** | 0.1438*** | 0.1123*** | 0.1462*** | −0.0091*** | 0.3596*** |
| | （12.78） | （8.05） | （6.20） | （8.20） | （−11.58） | （14.34） |
| 年份 | 控制 | 控制 | 控制 | 控制 | 控制 | 控制 |
| 行业 | 控制 | 控制 | 控制 | 控制 | 控制 | 控制 |
| 样本量 | 7109 | 15885 | 15885 | 15885 | 15885 | 8388 |
| 调整后的 $R^2$ | 0.5267 | 0.4388 | 0.4446 | 0.4399 | 0.4359 | 0.5091 |

注：括号内为估计系数的稳健性 T 统计量；*、**、*** 分别表示在10%、5%、1% 的置信水平上显著。

# 本章小结

本章分别以国有企业和非国有企业为样本研究学者型高管对商业信用融资的影响。为确保上述研究结论的稳健性，本章采用 Heckman 两阶段、倾向得分配对（PSM）和滞后一期回归控制内生性问题，并通过更换学者型高管的度量指标、变更高管团队的界定范围、变更回归模型、控制高管团队其他个人特征等方法进行稳健性检验。在此基础上，本章从产品市场的视角出发，检验学者型高管影响国有企业、非国有企业商业信用融资的影响机制。通过上述的实证检验，本章主要得出以下结论：

第一，学者型高管对国有企业和非国有企业的影响具有相反的结果，即学者型高管降低了国有企业的商业信用融资，增加了非国有企业的商业信用融资。

第二，学者型高管对国有企业商业信用融资的影响，在供应商集中度较低的企业中更加显著，说明学者型高管降低对供应商资金的侵占，主要是因为体恤效应，而不是与供应链建立合作关系。

第三，学者型高管对非国有企业商业信用融资的影响，在社会信任、非国有经济发展程度、法律环境发展程度相对较低的地区更为显著；在会计师事务所审计发挥外部治理作用相对薄弱的非国有上市公司更为显著；在专利申请数量更多的非国有企业更为显著。这说明学者型高管主要通过增强企业的可信任程度和企业的竞争力，促进非国有企业获取更多的商业信用融资。

总体而言，本章研究发现，学者型高管降低了国有企业的商业信用融资，而增加了非国有企业的商业信用融资。其中，体恤效应是学者型高管降低国有企业商业信用融资的主要原因，而竞争力机制和信任机制是学者型高管增加非国有企业商业信用融资的主要机制。

# 第五章    学者型高管与企业经营行为

现有研究发现，高管学术经历能够降低企业的盈余管理程度，增强会计稳健性，进而提高会计信息质量。同时，现有研究发现，会计信息供应商和客户能够通过财务报表了解企业经营情况的重要渠道，而会计信息可比性能够降低企业内外部的信息不对称程度，但也可能会产生专有性成本，进而有损企业的竞争优势。因此，企业会根据实际情况做出会计信息披露的决策。现有研究尚未研究学者型高管与会计信息可比性之间的关系。因此，本章计划从产品市场的视角出发，研究学者型高管对会计信息可比性的影响，以及相应的影响机制。

## 第一节    理论分析与研究假设

### 一、学者型高管增强了企业的竞争优势

首先，学者型高管具有一定的认知与专业深度。我国的科研人员一般具有硕士研究生及以上学历。学者型高管在求学与科研过程中，往往专注于某个细分领域，在该领域内具有较为深入的研究。学者型高管到企业任职或兼职，会利用在自身科研领域内积累的专业知识和经验提升企业整体的竞争力，有助于形成企业的竞争壁垒或护城河。现有研究发现，拥有技术背景的高管更偏好关注和了解企业产品和技术的创新投入（Finkelstein，1992），拥有更强的创新精神，可以有效地增加公司的研发投入、技术人员的比例，提高企业的技术效率（韩忠雪等，2014；韩忠雪和崔建伟，2015；彭红星和毛新述，2017），促进了企业创新（张晓亮等，2019）。

其次，学者型高管具有较广的认知广度。Wiersema 和 Bantel（1992）研究发现，学历越高的管理者拥有越强的社会认知能力，能够发现不易察觉的创新机会，提高企业的多元化程度。可以看出，学者型高管能够形成企业的创新优

势，提高企业整体的核心竞争力，降低因会计信息披露而被竞争对手模仿、恶意攻击并产生竞争劣势的可能性，进而更积极地进行会计信息披露，降低企业内外部的信息不对称程度。可以看出，学者型高管能够产生公司竞争力效应，进而影响会计信息披露的动机。

## 二、学者型高管提高了高管团队的道德标准

在我国传统的儒家文化中，师者一直被尊崇为优秀的个人道德典范，拥有较高的道德标准和责任意识。我国的科研人员在求学与学术训练过程中，容易受到我国传统儒家文化的熏陶，形成内在的自我约束和监督机制，塑造了诚信、自律等道德品质。这种早期经济所塑造的价值观和行为习惯将伴随学者型高管，并在无形中影响着学者型高管的行为与决策。现有研究发现，高管学术经历能够降低研发操纵水平（苑泽明等，2020）和企业盈余管理的程度，增强会计稳健性，提高企业会计信息质量（周楷唐等，2017；沈华玉等，2018）。同时，高管学术经历能够抑制高管的在职消费行为（张晓亮等，2020；雷啸等，2021），提高企业的慈善捐赠水平（姜付秀等，2019）。可以看出，学者型高管发挥了一定的内部治理作用。在这种背景下，积极的信息披露有利于降低企业内外部的信息不对称，向外部如实反映企业的经营管理状况，传递企业良好的形象。此外，考虑到勇于"下海"的学者型高管都有着奋斗之心，做事风格更可能属于积极主动型，消极的会计信息披露与学者型高管的做事风格不符。并且消极的会计信息披露可能有损高管的声誉，产生隐性成本。因此，可以合理推断，学者型高管能够产生公司治理效应，进而提高会计信息披露的质量。

## 三、学者型高管能够理性分析提高会计信息质量的经济后果

从上述分析可以看出，学者型高管能够产生竞争力效应和公司治理效应，一方面能够敢于将自身优势对外披露，另一方面不需要防止短板被外部发现，能够增加企业外部利益相关者对企业财务报表的信任程度。现有研究发现，会计信息可比性的增强能够带来积极的经济后果，比如，会计信息可比性能够帮助企业获取规模更大、期限更长的银行贷款，并且能降低企业的债务融资成本和债券信用利差（Kim et al.，2013；Fang et al.，2016；黄波，2020；丁鑫和杨忠海，2021；张先治和徐健，2021），降低审计收费（陈玥和江轩宇，2017）。

在股权融资方面，会计信息可比性能够降低股权融资成本（Imhof et al., 2017）。因此，有理由相信，学者型高管能够认识到提高会计信息可比性给企业带来的积极影响。因此，本章提出研究假设 H6：

H6：在其他因素不变的情况下，学者型高管增强了会计信息可比性。

作为主要的会计信息使用者，客户获取会计信息的核心目的在于，通过动态比较去选择优质的商业伙伴。因此，客户期望获得可比性较强的会计信息，才能准确识别和比较行业内的众多企业，通过分析并确定供应商。一般情况下，向客户披露可比性较强的会计信息能够降低企业与客户之间的信息不对称，降低客户的信息收集和鉴定成本，突出企业的竞争优势，并形成供应链上的合作关系。但当企业只与少数几家客户建立战略合作伙伴关系时，这可能会诱发供应商、客户内部结构的变化，导致出现供应链集中的现象（方红星等，2017），并逐渐演变成关系型交易的供应链形态。此时，私下信息沟通提供的信息含量更多、效率更高，管理团队也有动机削弱公开信息披露的可比性。现有研究成果支持这一说法：方红星等（2017）研究发现，在企业供应链集中度较高的情境下，企业与大供应商、大客户之间会通过私下信息沟通机制充分交换各方所需的财务会计信息，导致企业公开披露可比性会计信息的动机削弱，进而在会计信息可比性方面表现较差；周冬华和梁晓琴（2018）发现，客户集中度与会计信息可比性显著负相关。

根据上文分析，学者型高管能够产生公司竞争力效应和内部治理效应，增加了企业提高会计信息可比性的底气。针对产品市场，学者型高管可能还会通过以下途径影响会计信息的披露动机。首先，勇于"下海"的学者型高管不容易满足于现有的客户状态，不会由于与客户进行私下信息沟通而放弃其他潜在的客户。其次，学者型高管更加稳健（周楷唐等，2017），会有意识地避免"将鸡蛋放在同一个篮子里"，防止客户集中度过高可能产生的不利影响。最后，如果其他利益相关者发现会计信息质量存在问题，极有可能导致企业声誉受损或者受到相应的处罚，可能会加速客户的离去。这种结果与学者型高管对声誉的重视背道而驰。根据上述分析，有理由相信，学者型高管有动机去缓解客户集中度过高给会计信息可比性带来的负面影响。因此，本章提出假设 H7：

H7：在其他条件不变的情况下，学者型高管缓解了客户集中度与会计信息可比性的负相关关系。

持续向产品市场上的利益相关者提供具有可比性的会计信息是一把"双

刃剑"。一方面，会计信息有助于产品市场的利益相关者了解企业的经济业务，降低了企业内外部的信息不对称程度，降低交易成本，克服产品市场上的摩擦。在这种情况下，竞争中的企业间的业绩相互依存，企业间业绩比较时将管理层的努力程度展示得更加充分，从而减少了监督成本（张军华，2014），形成一种公司间的良性竞争。现有研究成果也支持着产品市场竞争对会计信息可比性的积极影响（姜付秀等，2009；陈红和王磊，2014；李健等，2016），并将这种影响机制称为产品市场竞争的公司治理效应。另一方面，竞争对手能够通过会计信息了解并推断其他企业的研发投入、盈利状况、边际利润率或其他与商业机密相关的财务信息，并进行模仿或者恶意攻击。现有研究将竞争对手通过利用信息而给披露信息的公司带来的成本称为竞争劣势成本（梁飞媛，2008），并将这种影响机制称为产品市场竞争的专有性成本效应（袁知柱等，2017）。同时，为了维持市场竞争地位，企业需要扩大创新投入的规模，这提高了创新风险，导致管理层具有较大的盈余压力，可能会催生盈余管理，这种影响机制被称为产品市场竞争的盈利压力效应。因此，在专有性成本效应和盈利压力效应的作用下，产品市场竞争会降低企业会计信息可比性。针对我国上市公司的研究发现，产品市场竞争的专有性成本效应与盈余压力效应大于公司治理效应，表现为产品市场竞争降低了会计信息可比性（袁知柱等，2017）。

根据上文分析，学者型高管能够产生公司竞争力效应，增加了企业提高会计信息可比性的底气，这有助于降低企业的竞争劣势成本和盈余压力，进而促进会计信息可比性的提高。同时，学者型高管能够产生公司治理效应，能够降低管理层进行盈余管理的可能性，增强了会计信息质量。因此，本章提出假设 H8：

H8：在其他条件不变的情况下，学者型高管缓解了产品市场竞争与会计信息可比性的负相关关系。

# 第二节　研究设计

## 一、样本选择

本章选取 2008~2020 年我国 A 股上市公司作为研究样本。本章将研究样本的起始时间设定为 2008 年，主要是考虑到高管个人特征的数据从 2008 年开始更新。同时，为了保证实证检验结果的准确性与可靠性，本章剔除了不符合研究要求的样本。剔除样本主要包括金融行业的样本，ST、PT 的样本，回归数据缺失的样本，最终得到 14595 个观测值[①]。此外，为控制极端数据对研究结果的影响，本书对所有连续型变量进行了上下各 1% 的缩尾（Winsorize）处理。

## 二、变量定义

### （一）学者型高管

学者型高管的界定需要经过高管团队界定和学术经历界定两个步骤，在此基础上再进行变量的赋值。

首先，本章借鉴《公司法》中的规定，将高管团队界定为总经理、副经理、财务负责人、上市公司董事会秘书和公司章程规定的其他人员。采用《公司法》对高管团队范围进行界定主要包括两个方面的原因：①按照适用的财务报告编制财务报表是企业管理层的主要责任。同时，现有研究成果发现财务负责人、CEO 等（张霄若，2017）都会对会计信息可比性产生影响。②本书的研究视角为产品市场，企业的主营业务和盈利主要来源于产品市场，产品市场必然成为高管团队关注的重点。因此，产品市场是高管团队进行决策的重要影响因素之一，有理由相信产品市场会影响高管团队进行会计信息披露的动机。考虑到现有研究成果对高管团队的界定并不一致，为了本章研究结论的可靠性，本章在稳健性检验中还采用了不同的高管团队界定方式进行检验。

其次，本书参考沈艺峰等（2016）、周楷唐等（2017）、沈华玉（2018）的界定方法，认为学术经历是指在高校任教、在科研机构任职或在协会从事研究。因此，学者型高管就是曾在高校、科研机构或在协会从事研究，并且在上市公司兼职或任职的高管。

最后，借鉴周楷唐等（2017）对高管学术经历的赋值方法，本章采用两种方法作为学者型高管的度量指标：①设置学者型高管的虚拟变量，并记为 ACA。当企业高管团队包含学者型高管时，ACA 取值为 1，否则为 0；②学者

---

① 样本量较少主要是因为计算会计信息可比性时采用较严格的标准，而且并非每个上市公司都披露主要客户的情况。具体而言，计算会计信息可比性时，剔除了上市时间小于 4 年的样本；剔除了行业公司数量小于 15 家的样本；剔除存在月度收益率（考虑现金股利）缺失的样本；剔除分行业分年度后，配比公司不足 4 个的样本；剔除会计盈余缺失的样本。

型高管在高管团队中的人数占比，记为 ACAP。其中，在稳健性检验中采用第二种度量指标。

需要说明的是，学者型高管的相关数据来源于 CSMAR 数据库中的个人特征数据库，根据高管职位、任职期限等进行整理，根据是否有学术经历进行变量的赋值。其中，针对该数据库中存在数据不全的情况，本章通过查阅数据库中的高管简历进行补充完善。

### （二）会计信息可比性

由于本章以产品市场为研究视角而进行公司层面的会计信息可比性的研究。因此，本章借鉴 De Franco 等（2011）的方法计算会计信息可比性。具体步骤如下：

首先，用 i 公司季度股票收益率（Return）代表经济业务对 i 公司的净影响，用会计盈余（Earning）代表 i 公司的会计信息，使用第 t 期前的连续 16 个季度的数据进行回归，如模型（5-1）所示。模型（5-1）的回归系数表示 i 公司的会计信息系统，i 公司与配对公司间会计信息系统的相近程度表示会计信息可比性。

$$Earning_{it}=\alpha_{it}+\beta_{it}\times Return_{it}+\varepsilon_{it} \qquad (5\text{-}1)$$

其次，为了估算会计信息系统的相近程度，将第 t 期 i 公司的经纪业务（Return）分别代入配对 j 公司、i 公司的会计信息系统函数中，得到预期会计盈余，如式（5-2）、式（5-3）所示。

$$E\left(Earning\right)_{ijt}=\hat{\alpha}_{jt}+\hat{\beta}_{jt}\times Return_{it} \qquad (5\text{-}2)$$

$$E\left(Earning\right)_{ijt}=\hat{\alpha}_{it}+\hat{\beta}_{jt}\times Return_{it} \qquad (5\text{-}3)$$

再次，利用式（5-4）计算 i 公司和 j 公司之间的会计信息可比性。Comp$_{ijt}$ 数值越大，表示 i 公司与 j 公司的会计信息可比性越强。

$$Comp_{ijt}=-\frac{1}{16}\sum_{t=0}^{15}\left|E\left(Earning\right)_{iit}-E\left(Earning\right)_{ijt}\right| \qquad (5\text{-}4)$$

最后，计算 t 年度 i 公司层面的会计信息可比性。将 i 公司与行业内的其他公司一一进行配对，按式（5-4）计算对应的配对公司间的会计信息可比性，并将计算所得的会计信息可比性数值进行降序排列，以均值作为 i 公司与行业内其他公司年度会计信息可比性的水平。也可以选用行业内可比性最高的几家公司来评价 i 公司的会计信息可比性水平。

本书选取行业内所有组合的均值来衡量会计信息可比性，记为 CompMn。

为避免单一指标可能导致的度量偏误，本书在稳健性检验中，分别选取所有组合的中位数、前4名和前10名的配对公司会计信息可比性均值作为替代衡量指标，记为CompMd、Comp4、Comp10。

### （三）客户集中度

在Patatoukas（2012）、方红星等（2017）对客户集中度赋值的基础上，本章采用行业均值调整后的客户集中度赫芬达尔指数来反映客户集中度，并记为CUS。具体的计算方法如下：

首先，从财务报表附注中获取前五大主要客户销售额，并计算前五大客户销售额占比的平方和（赫芬达尔指数）。

其次，为消除研究样本的行业差异造成的影响，将上述计算所得的赫芬达尔指数减去分年度的行业均值，所得结果作为客户集中度的衡量指标。CUS数值越大，表示客户集中度越高。

### （四）产品市场竞争

借鉴姜付秀等（2009）、Dhaliwal等（2014）、袁知柱等（2017）对产品市场竞争赋值的方法，本章采用行业竞争程度作为产品市场竞争的替代衡量指标。具体的计算方法如下：

首先，计算各个公司营业收入占行业总营业收入的占比。

其次，分行业计算各个公司营业收入占行业比重的平方和（赫芬达尔指数）。

最后，取上述平方和的相反数（赫芬达尔指数的相反数）来表示产品市场竞争程度，并记为MCL。MCL数值越大，表示产品市场竞争程度越强。

为了保证研究成果的稳健性，本章借鉴现有与会计信息可比性有关的研究成果，从财务变量和公司治理两个方面选取控制变量。所有变量定义及其计算方式如表5-1所示。

表5-1 主要变量表

| 变量代码 | 变量含义 | 变量说明 |
| --- | --- | --- |
| CompMn | 会计信息可比性 | 借鉴De Franco等（2011）的方法计算的所有组合的平均值 |
| Comp4 | | 借鉴De Franco等（2011）的方法计算的可比性最高的四对组合平均值 |

续表

| 变量代码 | 变量含义 | 变量说明 |
|---|---|---|
| Comp10 | 会计信息可比性 | 借鉴 De Franco 等（2011）的方法计算的可比性最高的十对组合平均值 |
| ACA | 学者型高管 | 如果高管团队中有学者型高管取值为1，否则为0 |
| ACAP | | 学者型高管人数／高管团队人数 |
| CUS | 客户集中度 | 上市公司前五大客户销售额占比平方和——分行业分年度平均值 |
| MCL | 产品市场竞争 | 用某行业各公司收入占比平方和的相反数 |
| SIZE | 公司规模 | 总资产的自然对数 |
| ROA | 总资产报酬率 | 利润总额／总资产平均余额 |
| CFO | 净经营现金流 | 净经营现金流／总资产 |
| LEV | 资产负债率 | 负债／资产 |
| EPS | 每股收益 | 净利润／总股本 |
| Growth | 企业成长性 | （当年营业收入 – 上年营业收入）／上年主营业收入 |
| Opinion | 审计意见类型 | 如果是标准审计报告取值为1，否则为0 |
| BIG4 | 四大会计师事务所审计 | 当公司由国际四大会计师事务所审计时，取值为1，否则为0 |
| H5 | 股权集中度 | 前五大股东持股比例的平方和 |
| DUAL | 两职兼任 | 董事长与总经理两职兼任取值为1，否则为0 |
| INDEP | 独立董事占比 | 独立董事人数／董事会规模 |
| STATE | 企业性质 | 根据企业实际控制人的性质划分，国有企业取值为1，非国有企业取值为0 |
| IND | 行业虚拟变量 | 当公司属于某行业时取值为1，否则为0 |
| YEAR | 年度虚拟变量 | 当公司属于某年度时取值为1，否则为0 |

## 三、模型设定

本章构建多元回归模型（5–5）~ 模型（5–7）对研究假设进行检验：

$$CompMn_t=a_0+a_1ACA_t+a_{2i}\sum_{i=1}^{n}Control_i+\sum_{j=1}^{n}a_{3j}IND_j+\sum_{k=1}^{n}a_{4i}YEAR_k+e_i \qquad （5-5）$$

$$CompMn_t=a_0+a_1ACA_t+a_2CUS_t+a_3CUS_t\times ACA_t+a_{4i}\sum_{i=1}^{n}Control_i+\sum_{j=1}^{n}a_{5j}Ind_j+ \\ \sum_{k=1}^{n}a_{6i}YEAR_k+e_i \qquad （5-6）$$

$$CompMn_t=a_0+a_1ACA_t+a_2MCL_t+a_3MCL_t\times ACA_t+a_{4i}\sum_{i=1}^{n}Control_i+\sum_{j=1}^{n}a_{5j}Ind_j+ \\ \sum_{k=1}^{n}a_{6i}Year_k+e_i \qquad （5-7）$$

首先，本章构建模型（5–5）对假设 H6 进行检验。

其次，在模型（5–5）的基础上，本章加入了客户集中度、客户集中度与学者型高管的交乘项对假设 H7 进行检验，具体如模型（5–6）所示；在模型（5–5）的基础上，本章加入了产品市场竞争、产品市场竞争与学者型高管的交乘项对假设 H8 进行检验，具体如模型（5–7）所示。在上述模型的基础上，本章采用混合截面数据回归，并控制年份、行业和异方差。

# 第三节　回归结果分析

## 一、描述性统计

相关变量的描述性统计结果如表 5–2 所示。可以看出：

（1）学者型高管占比（ACAP）均值和中位数分别为 0.0751 和 0，说明我国上市公司约有 7.51% 的学者型高管，且有一半以上的高管团队没有学者型高管，这与 Panel A 研究样本分布情况相符。

（2）会计信息可比性（CompMn、CompMd、Comp4、Comp10）的均值分别为 –1.2252、–0.9634、–0.4191、–0.5381，中位数分别为 –1.0500、–0.7800、–0.2700、–0.3800，与陈翔宇等（2015）、方红星等（2017）、潘临等（2019）的描述性统计结果高度一致。

（3）客户集中度（CUS）的均值、标准差和中位数分别为 –0.0049、0.1283、–0.0327，说明客户集中度并不呈现左右对称的分布，且存在一定的右偏，说明客户集中度差异比较大，且存在着个别公司的客户集中度较高。

（4）产品市场竞争（MCL）的均值、标准差和中位数分别为 –0.0523、0.0783、–0.0162，说明产品市场竞争程度并不呈现左右对称的分布，且存在一定的左偏，说明产品市场竞争程度存在一定的分化，且个别产品市场竞争程度并不激烈。

表 5–2　样本分布及描述性统计

| 变量 | 样本数 | 均值 | 标准差 | 最小值 | 25 分位数 | 中位数 | 75 分位数 | 最大值 |
|---|---|---|---|---|---|---|---|---|
| CompMn | 14595 | –1.2252 | 0.6928 | –4.3500 | –1.4400 | –1.0500 | –0.7800 | –0.3700 |
| CompMd | 14595 | –0.9634 | 0.6440 | –3.9800 | –1.1300 | –0.7800 | –0.5600 | –0.2800 |
| Comp4 | 14595 | –0.4191 | 0.4381 | –2.7100 | –0.4900 | –0.2700 | –0.1700 | –0.0600 |
| Comp10 | 14595 | –0.5381 | 0.5091 | –3.0800 | –0.6500 | –0.3800 | –0.2300 | –0.0900 |
| ACA | 14595 | 0.3048 | 0.4603 | 0.0000 | 0.0000 | 0.0000 | 1.0000 | 1.0000 |
| ACAP | 14595 | 0.0751 | 0.1368 | 0.0000 | 0.0000 | 0.0000 | 0.1429 | 1.0000 |
| CUS | 14595 | –0.0049 | 0.1283 | –0.2794 | –0.0556 | –0.0327 | –0.0021 | 0.6410 |
| MCL | 14595 | –0.0523 | 0.0783 | –0.3884 | –0.0621 | –0.0162 | –0.0126 | –0.0078 |
| SIZE | 14595 | 22.4158 | 1.2932 | 19.9355 | 21.5134 | 22.2361 | 23.1617 | 26.2797 |
| ROA | 14595 | 0.0387 | 0.0595 | –0.1890 | 0.0121 | 0.0334 | 0.0650 | 0.2237 |
| CFO | 14595 | 0.0492 | 0.0709 | –0.1641 | 0.0095 | 0.0475 | 0.0908 | 0.2496 |
| LEV | 14595 | 0.4662 | 0.2018 | 0.0695 | 0.3101 | 0.4691 | 0.6219 | 0.8986 |
| EPS | 14595 | 0.3757 | 0.9081 | –10.7680 | 0.0791 | 0.2498 | 0.5486 | 39.4232 |
| Growth | 14595 | 0.1202 | 0.3190 | –0.5592 | –0.0442 | 0.0830 | 0.2222 | 1.7831 |
| Opinion | 14595 | 0.9731 | 0.1617 | 0.0000 | 1.0000 | 1.0000 | 1.0000 | 1.0000 |
| BIG4 | 14595 | 0.0713 | 0.2573 | 0.0000 | 0.0000 | 0.0000 | 0.0000 | 1.0000 |
| H5 | 14595 | 0.1593 | 0.1146 | 0.0141 | 0.0695 | 0.1288 | 0.2210 | 0.5503 |
| DUAL | 14595 | 0.2038 | 0.4028 | 0.0000 | 0.0000 | 0.0000 | 0.0000 | 1.0000 |
| INDEP | 14595 | 37.2326 | 5.5780 | 14.2900 | 33.3300 | 33.3300 | 41.6700 | 80.0000 |
| STATE | 14595 | 0.5033 | 0.5000 | 0.0000 | 0.0000 | 1.0000 | 1.0000 | 1.0000 |

## 二、单变量分析

单变量分析的结果如表 5-3 所示。可以看出，有学者型高管样本的会计信息可比性（CompMn/ CompMd/Comp4/Comp10）的均值和中位数均显著大于无学者型高管的样本，说明拥有学者型高管的上市公司具有更高的会计信息可比性，初步验证假设 H6。

表 5-3　单变量分析

| 变量名称 | 均值检验 | | | | 中位数检验 | | | |
|---|---|---|---|---|---|---|---|---|
| | 无学者型高管（0） | 有学者型高管（1） | （1）~（0） | t 值 | 无学者型高管（0） | 有学者型高管（1） | （1）~（0） | z 值 |
| CompMn | −1.275 | −1.164 | 0.111 | 7.743*** | −1.080 | −0.980 | 0.1 | 11.198*** |
| CompMd | −0.010 | −0.009 | 0.001 | 9.447*** | −0.008 | −0.007 | 0.001 | 14.689*** |
| Comp4 | −0.461 | −0.376 | 0.085 | 8.314*** | −0.290 | −0.240 | 0.05 | 14.631*** |
| Comp10 | −0.586 | −0.482 | 0.104 | 9.111*** | −0.400 | −0.320 | 0.08 | 14.821*** |

注：样本差异均基于参数 t 检验和非参数 Wilcoxon 秩和检验；*、**、*** 分别表示在 10%、5%、1% 的置信水平上显著。

## 三、多元回归分析

假设 H6~H8 的检验结果如表 5-4 所示，具体而言：

（1）第（1）、第（2）列报告了学者型高管与会计信息可比性的回归结果。其中，第（1）列为未添加控制变量的回顾结果，第 2 列为模型（5-5）的回归结果。可以看出，第（1）、第（2）列的学者型高管（ACA）的回归系数在 1% 的置信水平上显著为正，说明学者型高管有助于提高会计信息可比性。回归结果支持假设 H6。控制变量的回归结果基本上与早期研究一致，说明研究结论具有一定的可靠性。[①]

（2）第（3）列单独报告了客户集中度与会计信息可比性的回归结果。可以看出，客户集中度（CUS）的回归系数在 10% 的置信水平上显著为负，说明随着客户集中度的提高，会计信息可比性逐渐降低，说明客户集中度高削弱

---

① 多重共线性的间接结果显示，所有变量的 VIF 均小于 4，不存在多重共线性。下同，不再赘述。

了企业提高会计信息可比性的动机，这与方红星等（2017）的研究结论一致。第（4）列报告了模型（5-6）的回归结果。当加入学者型高管、学者型高管与客户集中度的交乘项后，学者型高管与客户集中度的交乘项（ACA×CUS）的回归系数在 1% 的置信水平上显著为正，说明高管学术经历对会计信息可比性的影响，在客户集中度高的样本中更明显，能够缓解客户集中度对会计信息可比性的负面影响。回归结果支持假设 H7。

（3）第（5）列单独报告了产品市场竞争与会计信息可比性的回归结果。可以看出，MCL 的回归系数在 1% 的置信水平上显著为负，说明随着产品市场竞争的提高，会计信息可比性逐渐降低，这与袁知柱等（2017）的研究结论一致。第（6）列报告了模型（5-7）的回归结果。当加入学者型高管、学者型高管与产品市场竞争的交乘项后，学者型高管与产品市场竞争（ACA×MCL）的回归系数在 5% 的置信水平上显著为正，说明学者型高管对会计信息可比性的影响，在产品市场竞争程度高的样本中更明显，能够缓解产品市场竞争程度高对会计信息可比性的负面影响。回归结果支持假设 H8。

表 5-4　主回归检验结果

| 变量 | CompMn | | | | | |
|---|---|---|---|---|---|---|
| | （1） | （2） | （3） | （4） | （5） | （6） |
| ACA | 0.0924*** （8.10） | 0.0705*** （6.71） | | 0.0736*** （7.01） | | 0.0856*** （7.08） |
| ACA×CUS | | | | 0.4284*** （4.69） | | |
| ACA×MCL | | | | | | 0.3040** （2.38） |
| CUS | | | −0.0756* （−1.76） | −0.1647*** （−3.33） | | |
| MCL | | | | | −0.7264*** （−4.59） | −0.8129*** （−4.99） |
| SIZE | | −0.0813*** （−13.88） | −0.0799*** （−13.54） | −0.0818*** （−13.89） | −0.0787*** （−13.41） | −0.0804*** （−13.74） |
| ROA | | 2.3862*** （13.77） | 2.4048*** （13.86） | 2.3923*** （13.80） | 2.3984*** （13.88） | 2.3702*** （13.73） |

续表

| 变量 | CompMn | | | | | |
|---|---|---|---|---|---|---|
| | （1） | （2） | （3） | （4） | （5） | （6） |
| CFO | | −0.6885*** | −0.6979*** | −0.6902*** | −0.7100*** | −0.7024*** |
| | | （−7.97） | （−8.08） | （−8.00） | （−8.20） | （−8.13） |
| LEV | | −0.5481*** | −0.5584*** | −0.5468*** | −0.5571*** | −0.5490*** |
| | | （−14.45） | （−14.69） | （−14.42） | （−14.66） | （−14.48） |
| EPS | | −0.0374*** | −0.0383*** | −0.0375*** | −0.0381*** | −0.0372*** |
| | | （−2.72） | （−2.77） | （−2.73） | （−2.77） | （−2.71） |
| Growth | | 0.0391* | 0.0418** | 0.0404** | 0.0398** | 0.0379* |
| | | （1.96） | （2.10） | （2.03） | （1.99） | （1.90） |
| Opinion | | 0.4848*** | 0.4833*** | 0.4875*** | 0.4861*** | 0.4849*** |
| | | （10.05） | （9.99） | （10.09） | （10.06） | （10.05） |
| BIG4 | | −0.0713*** | −0.0649*** | −0.0717*** | −0.0656*** | −0.0710*** |
| | | （−3.05） | （−2.77） | （−3.07） | （−2.81） | （−3.05） |
| H5 | | 0.1045** | 0.0948** | 0.1126** | 0.0894* | 0.1037** |
| | | （2.26） | （2.03） | （2.43） | （1.93） | （2.24） |
| DUAL | | 0.0082 | 0.0178 | 0.0071 | 0.0190 | 0.0084 |
| | | （0.67） | （1.47） | （0.58） | （1.56） | （0.68） |
| INDEP | | 0.0005 | 0.0005 | 0.0005 | 0.0005 | 0.0005 |
| | | （0.47） | （0.49） | （0.52） | （0.54） | （0.49） |
| STATE | | −0.0377*** | −0.0404*** | −0.0396*** | −0.0428*** | −0.0393*** |
| | | （−3.48） | （−3.70） | （−3.64） | （−3.93） | （−3.62） |
| _cons | −1.4207*** | 0.0941 | 0.0861 | 0.0993 | −0.0392 | −0.0264 |
| | （−34.55） | （0.70） | （0.64） | （0.74） | （−0.29） | （−0.19） |
| 年份 | 控制 | 控制 | 控制 | 控制 | 控制 | 控制 |
| 行业 | 控制 | 控制 | 控制 | 控制 | 控制 | 控制 |
| 样本量 | 14595 | 14595 | 14595 | 14595 | 14595 | 14595 |
| 调整后的 $R^2$ | 0.1717 | 0.3056 | 0.3037 | 0.3067 | 0.3047 | 0.3069 |

注：括号内为 T 值；*、**、*** 分别表示在 10%、5%、1% 的置信水平上显著。

## 四、内生性检验

本章模型（5-5）~模型（5-7）的回归结果可能存在内生性问题。导致模型产生内生性的原因主要有自选择、遗漏变量和互为因果，本章采用Heckman两阶段估计法、倾向得分配对（PSM）和滞后一期回归三种方法进行检验，缓解潜在的内生性问题产生的影响。

### （一）Heckman两阶段

为了缓解样本自选择问题，本章采用Heckman两阶段法进行回归检验。具体而言，本章借鉴周楷唐等（2017）的做法，选取上一年度同行业上市公司的学者型高管占比（AcaInd）作为Heckman第一阶段回归的工具变量进行回归，再将第一阶段回归所得的逆米尔斯系数（IMR）代入第二阶段的回归。

Heckman两阶段的回归结果如表5-5所示。可以看出：

（1）Lamba系数为-0.3485，且在1%的置信水平上显著，说明上文的回归存在选择偏差，有必要进行Heckman两阶段的检验。同时，第（1）列报告了Heckman第一阶段的回归结果，可以看出AcaInd的回归系数显著为正，表明上一年度同行业上市公司学者型高管的占比会影响其公司聘任学者型高管的决策，即随着同行业上市公司聘请学者型高管比重的增加，公司也会增加聘请学者型高管的概率，检验结果与周楷唐等（2017）一致。

（2）表5-5的第（2）~（4）列报告了Heckman第二阶段回归的结果。可以看出，第（2）~（4）列的逆米尔斯系数（IMR）均在1%的置信水平上显著为负，说明本章的回归分析中存在样本自选择的内生性问题。在加入逆米尔斯系数（IMR）进行回归后，学者型高管（ACA）的系数在1%的置信水平上显著为正；客户集中度（CUS）、产品市场竞争（MCL）的系数均在1%的置信水平上显著为负；学者型高管与客户集中度的交乘项（ACA×CUS）、学者型高管与产品市场竞争（ACA×MCL）的系数在1%的置信水平上显著为正。这说明在考虑了样本自选择的内生性问题之后，学者型高管对会计信息可比性的正相关关系、客户集中度和产品市场竞争与会计信息可比性的负相关关系仍然成立。同时，学者型高管能够缓解客户集中度、产品市场竞争对会计信息可比性的负向影响。为了避免多重共线性问题，本章还进行了VIF检验，结果显示IMR的VIF值均小于4，说明Heckman两阶段检验不存在多重共线性问题。

表 5-5　内生性检验（Heckman 两阶段检验）

| 变量 | ACA | CompMn | | |
| --- | --- | --- | --- | --- |
| | 第一阶段 | 第二阶段 | | |
| | （1） | （2） | （3） | （4） |
| AcaInd（滞后一期） | 7.1623$^{***}$（17.27） | | | |
| ACA | | 0.0480$^{***}$（4.01） | 0.0522$^{***}$（4.37） | 0.0743$^{***}$（5.43） |
| ACA×CUS | | | 0.4246$^{***}$（3.96） | |
| ACA×MCL | | | | 0.5794$^{***}$（3.70） |
| CUS | | | −0.1575$^{***}$（−2.64） | |
| MCL | | | | −0.9916$^{***}$（−5.08） |
| SIZE | 0.1075$^{***}$（7.08） | −0.1198$^{***}$（−16.59） | −0.1202$^{***}$（−16.60） | −0.1198$^{***}$（−16.65） |
| ROA | 1.2605$^{***}$（3.40） | 1.6705$^{***}$（8.12） | 1.6753$^{***}$（8.14） | 1.6262$^{***}$（7.93） |
| CFO | −0.2726（−1.23） | −0.5869$^{***}$（−5.70） | −0.5858$^{***}$（−5.69） | −0.5934$^{***}$（−5.77） |
| LEV | −0.2600$^{***}$（−2.73） | −0.4296$^{***}$（−9.97） | −0.4265$^{***}$（−9.90） | −0.4286$^{***}$（−9.96） |
| EPS | −0.0608$^{**}$（−2.47） | −0.0142（−0.99） | −0.0143（−1.00） | −0.0130（−0.91） |
| Growth | 0.0431（0.91） | 0.0314（1.38） | 0.0319（1.40） | 0.0291（1.28） |

续表

| 变量 | ACA | CompMn | | |
|---|---|---|---|---|
| | 第一阶段 | 第二阶段 | | |
| | （1） | （2） | （3） | （4） |
| Opinion | 0.0572<br>（0.61） | 0.4563***<br>（7.62） | 0.4605***<br>（7.68） | 0.4574***<br>（7.64） |
| BIG4 | 0.3121***<br>（5.76） | −0.1413***<br>（−5.20） | −0.1407***<br>（−5.18） | −0.1442***<br>（−5.32） |
| H5 | −0.6134***<br>（−4.71） | 0.3019***<br>（5.59） | 0.3088***<br>（5.71） | 0.3102***<br>（5.76） |
| DUAL | 0.3876***<br>（11.70） | −0.0919***<br>（−5.42） | −0.0937***<br>（−5.53） | −0.0972***<br>（−5.70） |
| INDEP | 0.0008<br>（0.35） | 0.0005<br>（0.44） | 0.0005<br>（0.48） | 0.0004<br>（0.40） |
| STATE | −0.1284***<br>（−4.28） | −0.0037<br>（−0.29） | −0.0056<br>（−0.44） | −0.0038<br>（−0.30） |
| IMR | | −0.3639***<br>（−9.83） | −0.3650***<br>（−9.88） | −0.3811***<br>（−10.25） |
| _cons | −3.5041***<br>（−10.26） | 1.5457***<br>（8.08） | 1.5496***<br>（8.10） | 1.4577***<br>（7.56） |
| Lamba | −0.3485***<br>（−5.59） | | | |
| 年份 | 控制 | 控制 | 控制 | 控制 |
| 行业 | 控制 | 控制 | 控制 | 控制 |
| 样本量 | 10780 | 10788 | 10788 | 10788 |
| 调整后的 $R^2$ | 0.0935 | 0.3225 | 0.3235 | 0.3246 |

注：括号内为 T 值；*、**、*** 分别表示在 10%、5%、1% 的置信水平上显著。

### （二）倾向得分配对

为了缓解自选择偏误，本章运用倾向得分匹配（PSM）进行检验。具体而言，使用学者型高管的虚拟变量对所有的控制变量进行回归，计算得到各个观测值的倾向得分。为了提高匹配的质量，本章仅保留倾向得分重叠部分的个体，再将有学者型高管与无学者型高管的样本进行重复的一对一匹配[①]，从而得到匹配之后的样本 6356 个。在此基础上，先进行均衡性检验，再进行后续的回归检验。

倾向得分配对（PSM）的检验结果如表 5–6 所示，可以看出：

（1）Panel A 报告了均衡性检验结果，匹配后的控制变量标准化偏差（%bias）均小于 10%，说明重复的一对一配对后，控制变量之间不存在明显差异，符合倾向得分配对的基本要求。

（2）Panel B 报告了平均干预效应的结果，ATT 的差异显著为正，说明个体在干预状态下的平均干预效应显著，即在控制其他匹配变量不变的情况下，学者型高管（ACA）从 0 变为 1，会计信息可比性（CompMn）平均增加了 0.076。平均干预效应的检验结果与上文的研究结论一致。

（3）Panel C 报告了匹配后样本的回归结果，学者型高管（ACA）的系数在 1% 的置信水平上显著为正；客户集中度（CUS）、产品市场竞争（MCL）的系数分别在 5%、1% 的置信水平上显著为负；学者型高管与客户集中度的交乘项（ACA×CUS）、学者型高管与产品市场竞争的交乘项（ACA×MCL）的系数分别在 1%、5% 的置信水平上显著为正。这说明在控制公司特征方面的差异之后，学者型高管与会计信息可比性之间的正相关关系、客户集中度和产品市场竞争与会计信息可比性之间的负相关关系仍然成立。同时，学者型高管能够缓解客户集中度、产品市场竞争对会计信息可比性的负向影响。

---

① 本书还使用不重复的一对一配对，近邻配对等配对方法进行 PSM 检验，但不重复的一对一配对未通过均衡性检验，其他配对方式的均衡性检验结果不如重复一对一配对

表 5-6　内生性检验（PSM）

Panel A

| Variable | Matched/Unmatched | Mean Treated | Mean Control | %bias | \|bias\| | t | p>\|t\| | V（T）/V（C） |
|---|---|---|---|---|---|---|---|---|
| SIZE | U | 22.494 | 22.382 | 8.600 | | 4.840 | 0.000 | 1.14* |
| | M | 22.492 | 22.486 | 0.400 | 95.100 | 0.200 | 0.845 | 1.050 |
| ROA | U | 0.043 | 0.037 | 11.300 | | 6.340 | 0.000 | 1.09* |
| | M | 0.043 | 0.043 | 0.800 | 93.400 | 0.360 | 0.722 | 1.11* |
| CFO | U | 0.050 | 0.049 | 2.400 | | 1.340 | 0.180 | 0.93* |
| | M | 0.050 | 0.049 | 2.100 | 12.000 | 1.000 | 0.315 | 0.92* |
| LEV | U | 0.445 | 0.476 | -15.400 | | -8.570 | 0.000 | 1.000 |
| | M | 0.444 | 0.444 | 0.000 | 100.000 | 0.000 | 0.998 | 0.990 |
| EPS | U | 0.401 | 0.365 | 4.200 | | 2.210 | 0.027 | 0.48* |
| | M | 0.400 | 0.398 | 0.300 | 93.300 | 0.160 | 0.870 | 0.92* |
| Growth | U | 0.130 | 0.116 | 4.500 | | 2.480 | 0.013 | 0.80* |
| | M | 0.130 | 0.123 | 2.300 | 49.600 | 1.060 | 0.289 | 0.75* |
| Opinion | U | 0.975 | 0.972 | 2.100 | | 1.160 | 0.244 | |
| | M | 0.975 | 0.973 | 1.500 | 26.900 | 0.740 | 0.462 | |
| BIG4 | U | 0.088 | 0.064 | 9.000 | | 5.180 | 0.000 | |

续表

Panel A

| Variable | Matched/Unmatched | Mean Treated | Mean Control | %bias | |bias| | t | p>|t| | V(T)/V(C) |
|---|---|---|---|---|---|---|---|---|
| | M | 0.087 | 0.088 | -0.500 | 94.400 | -0.220 | 0.822 | |
| H5 | U | 0.148 | 0.164 | -13.900 | | -7.640 | 0.000 | 0.89* |
| | M | 0.148 | 0.150 | -1.000 | 92.800 | -0.490 | 0.625 | 1.010 |
| DUAL | U | 0.301 | 0.161 | 33.700 | | 19.570 | 0.000 | |
| | M | 0.300 | 0.309 | -1.900 | 94.200 | -0.830 | 0.407 | |
| INDEP | U | 37.554 | 37.092 | 8.200 | | 4.610 | 0.000 | 1.10* |
| | M | 37.544 | 37.453 | 1.600 | 80.300 | 0.760 | 0.447 | 1.08* |
| STATE | U | 0.399 | 0.549 | -30.400 | | -16.880 | 0.000 | |
| | M | 0.399 | 0.405 | -1.100 | 96.300 | -0.540 | 0.589 | |

Panel B

| Variable | Sample | Treated | Controls | Difference | S.E. | T-stat |
|---|---|---|---|---|---|---|
| CompMn | Unmatched | -1.152 | -1.257 | 0.105 | 0.012 | 8.430 |
| | ATT | -1.153 | -1.228 | 0.076 | 0.011 | 6.630 |
| | ATU | -1.311 | -1.153 | 0.158 | 0.015 | 10.720 |
| | ATE | | | 0.117 | 0.012 | 9.480 |

续表

Panel C

| 变量 | CompMn | | |
|---|---|---|---|
| | （1） | （2） | （3） |
| ACA | 0.0596*** <br>（4.09） | 0.0638*** <br>（4.36） | 0.0762*** <br>（4.50） |
| ACA×CUS | | 0.4905*** <br>（3.76） | |
| ACA×MCL | | | 0.3358** <br>（2.03） |
| CUS | | −0.2335** <br>（−2.43） | |
| MCL | | | −0.8614*** <br>（−3.69） |
| SIZE | −0.0682*** <br>（−7.52） | −0.0683*** <br>（−7.53） | −0.0674*** <br>（−7.42） |
| ROA | 2.7919*** <br>（9.65） | 2.8028*** <br>（9.68） | 2.7860*** <br>（9.62） |
| CFO | −0.6588*** <br>（−5.06） | −0.6596*** <br>（−5.07） | −0.6754*** <br>（−5.19） |

续表

Panel C

| 变量 | CompMn | | |
|------|--------|--------|--------|
| | （1） | （2） | （3） |
| LEV | -0.4766*** | -0.4734*** | -0.4769*** |
| | （-8.56） | （-8.51） | （-8.58） |
| EPS | -0.0947*** | -0.0940*** | -0.0940*** |
| | （-3.04） | （-3.02） | （-3.01） |
| Growth | 0.0309 | 0.0330 | 0.0277 |
| | （0.95） | （1.02） | （0.86） |
| Opinion | 0.4747*** | 0.4817*** | 0.4744*** |
| | （6.40） | （6.50） | （6.39） |
| BIG4 | -0.0873** | -0.0885** | -0.0880** |
| | （-2.53） | （-2.56） | （-2.56） |
| H5 | 0.2492*** | 0.2549*** | 0.2469*** |
| | （3.5 8） | （3.66） | （3.55） |
| DUAL | -0.0010 | -0.0019 | -0.0008 |
| | （-0.06） | （-0.11） | （-0.05） |
| INDEP | -0.0026* | -0.0027* | -0.0026* |
| | （-1.70） | （-1.76） | （-1.71） |

续表

| 变量 | Panel C | | |
| --- | --- | --- | --- |
| | CompMn | | |
| | （1） | （2） | （3） |
| STATE | −0.0298* | −0.0340** | −0.0312* |
| | （−1.80 ） | （−2.04 ） | （−1.88 ） |
| _cons | −0.0905 | −0.0934 | −0.2018 |
| | （−0.45 ） | （−0.47 ） | （−0.98 ） |
| 年份 | 控制 | 控制 | 控制 |
| 行业 | 控制 | 控制 | 控制 |
| 样本量 | 6356 | 6356 | 6356 |
| 调整后的 R² | 0.3176 | 0.3192 | 0.3189 |

注：括号内为 T 值；*、**、*** 分别表示在 10%、5%、1% 的置信水平上显著。

### （三）滞后一期检验

为了避免可能存在的互为因果问题，本章将自变量滞后一期进行回归。具体的检验结果如表5-7所示。学者型高管（ACA）的回归系数均在1%的置信水平上显著为正，客户集中度（CUS）、产品市场竞争（MCL）的回归系数均在1%的置信水平上显著为负，学者型高管与客户集中度的交乘项（ACA×CUS）、学者型高管与产品市场竞争（ACA×MCL）的回归系数分别在1%、5%的置信水平上显著为正，与上文研究结论一致。

表 5-7　滞后一期的回归

| 变量 | 滞后一期 | | |
|---|---|---|---|
| | （1） | （2） | （3） |
| ACA | 0.0780*** | 0.0829*** | 0.0955*** |
| | （6.57） | （7.01） | （7.00） |
| ACA×CUS | | 0.4629*** | |
| | | （4.32） | |
| ACA×MCL | | | 0.3662** |
| | | | （2.42） |
| CUS | | −0.1667*** | |
| | | （−2.79） | |
| MCL | | | −0.9223*** |
| | | | （−4.77） |
| SIZE | −0.0930*** | −0.0933*** | −0.0922*** |
| | （−13.98） | （−13.97） | （−13.86） |
| ROA | 2.0702*** | 2.0784*** | 2.0450*** |
| | （10.46） | （10.50） | （10.38） |
| CFO | −0.6925*** | −0.6921*** | −0.7034*** |
| | （−6.80） | （−6.81） | （−6.91） |
| LEV | −0.5158*** | −0.5126*** | −0.5181*** |
| | （−12.05） | （−11.99） | （−12.12） |
| EPS | −0.0331** | −0.0333** | −0.0327** |
| | （−2.33） | （−2.34） | （−2.32） |

续表

| 变量 | 滞后一期 | | |
|---|---|---|---|
| | （1） | （2） | （3） |
| Growth | 0.0475** <br> （2.08） | 0.0468** <br> （2.05） | 0.0464** <br> （2.03） |
| Opinion | 0.4796*** <br> （8.01） | 0.4834*** <br> （8.06） | 0.4816*** <br> （8.05） |
| BIG4 | −0.0630** <br> （−2.41） | −0.0623** <br> （−2.38） | −0.0624** <br> （−2.39） |
| H5 | 0.1178** <br> （2.29） | 0.1231** <br> （2.38） | 0.1165** <br> （2.26） |
| DUAL | 0.0072 <br> （0.52） | 0.0052 <br> （0.37） | 0.0072 <br> （0.51） |
| INDEP | 0.0009 <br> （0.79） | 0.0009 <br> （0.86） | 0.0009 <br> （0.80） |
| STATE | −0.0460*** <br> （−3.79） | −0.0491*** <br> （−4.02） | −0.0482*** <br> （−3.97） |
| _cons | 0.6053*** <br> （3.96） | 0.4637*** <br> （3.01） | 0.3344** <br> （2.15） |
| 年份 | 控制 | 控制 | 控制 |
| 行业 | 控制 | 控制 | 控制 |
| 样本量 | 10788 | 10788 | 10788 |
| 调整后的 $R^2$ | 0.3154 | 0.3166 | 0.3169 |

注：括号内为 T 值；*、**、*** 分别表示在 10%、5%、1% 的置信水平上显著。

## 五、稳健性检验

### （一）变更会计信息可比性的指标

借鉴现有研究成果对会计信息可比性的指标设定，本章使用 De Franco 等（2011）计算方法，将会计信息相似度的中位数、最高四个、十个组合的均值分别作为会计信息可比性的替代指标，并对模型（5-5）~模型（5-7）

进行检验。结果如表 5-8 所示，学者型高管（ACA）的系数均在 1% 的置信水平上显著为正；第（2）、第（3）列的学者型高管与客户集中度的交乘项（ACA×CUS）、学者型高管与产品市场竞争的交乘项（ACA×MCL）系数分别在 1%、5% 的置信水平上显著为正，虽然第（6）列的学者型高管与产品市场竞争的交乘项（ACA×MCL）不显著，但 T 值为 1.60，与 10% 置信水平的临界值 1.64 相差很小。以上检验结果表明，与上文研究结论一致。

表 5-8　变更因变量的衡量指标

| 变量 | CompMd | | | Comp10 | | |
|---|---|---|---|---|---|---|
| | （1） | （2） | （3） | （4） | （5） | （6） |
| ACA | 0.0759*** （7.77） | 0.0782*** （8.01） | 0.0889*** （7.86） | 0.0612*** （7.68） | 0.0626*** （7.86） | 0.0691*** （7.47） |
| ACA×CUS | | 0.3352*** （3.85） | | | 0.2550*** （3.77） | |
| ACA×MCL | | | 0.2626** （2.13） | | | 0.1614 （1.60） |
| CUS | | −0.1475*** （−3.07） | | | −0.1689*** （−4.34） | |
| MCL | | | −0.2047 （−1.55） | | | 0.2127** （1.96） |
| SIZE | −0.0925*** （−15.89） | −0.0931*** （−15.91） | −0.0920*** （−15.79） | −0.0724*** （−15.90） | −0.0734*** （−16.04） | −0.0722*** （−15.86） |
| ROA | 2.4712*** （13.17） | 2.4745*** （13.18） | 2.4661*** （13.15） | 1.9207*** （14.91） | 1.9188*** （14.88） | 1.9234*** （14.94） |
| CFO | −0.7062*** （−8.64） | −0.7081*** （−8.67） | −0.7083*** （−8.65） | −0.5217*** （−7.65） | −0.5249*** （−7.71） | −0.5162*** （−7.56） |
| LEV | −0.4944*** （−13.89） | −0.4938*** （−13.88） | −0.4949*** （−13.90） | −0.4548*** （−15.15） | −0.4557*** （−15.17） | −0.4550*** （−15.16） |
| EPS | −0.0427** （−2.47） | −0.0428** （−2.48） | −0.0427** （−2.47） | −0.0056 （−0.66） | −0.0057 （−0.66） | −0.0057 （−0.67） |

续表

| 变量 | CompMd | | | Comp10 | | |
|---|---|---|---|---|---|---|
| | （1） | （2） | （3） | （4） | （5） | （6） |
| Growth | 0.0489*** | 0.0501*** | 0.0485*** | 0.0310* | 0.0328** | 0.0313* |
| | （2.64） | （2.71） | （2.62） | （1.90） | （2.01） | （1.92） |
| Opinion | 0.5316*** | 0.5331*** | 0.5311*** | 0.4127*** | 0.4123*** | 0.4121*** |
| | （11.28） | （11.30） | （11.28） | （10.42） | （10.38） | （10.40） |
| BIG4 | −0.0704*** | −0.0707*** | −0.0699*** | −0.0270 | −0.0268 | −0.0264 |
| | （−3.05） | （−3.05） | （−3.03） | （−1.52） | （−1.51） | （−1.49） |
| H5 | 0.0687 | 0.0759* | 0.0693 | −0.0361 | −0.0281 | −0.0349 |
| | （1.54） | （1.70） | （1.56） | （−0.98） | （−0.76） | （−0.95） |
| DUAL | 0.0179 | 0.0170 | 0.0175 | 0.0174* | 0.0165* | 0.0168* |
| | （1.62） | （1.54） | （1.59） | （1.89） | （1.79） | （1.82） |
| INDEP | 0.0003 | 0.0003 | 0.0002 | 0.0003 | 0.0003 | 0.0003 |
| | （0.28） | （0.32） | （0.25） | （0.40） | （0.45） | （0.34） |
| STATE | −0.0262*** | −0.0274*** | −0.0267*** | −0.0071 | −0.0072 | −0.0069 |
| | （−2.63） | （−2.74） | （−2.68） | （−0.86） | （−0.86） | （−0.83） |
| _cons | 0.5292*** | 0.5374*** | 0.4991*** | 0.5225*** | 0.5415*** | 0.5543*** |
| | （3.93） | （3.98） | （3.70） | （4.87） | （5.03） | （5.16） |
| 年份 | 控制 | 控制 | 控制 | 控制 | 控制 | 控制 |
| 行业 | 控制 | 控制 | 控制 | 控制 | 控制 | 控制 |
| 样本量 | 14595 | 14595 | 14595 | 14595 | 14595 | 14595 |
| 调整后的 $R^2$ | 0.2897 | 0.2906 | 0.2898 | 0.2319 | 0.2333 | 0.2322 |

注：括号内为 T 值；*、**、*** 分别表示在 10%、5%、1% 的置信水平上显著。

### （二）变更高管的界定范围

由于现有研究成果存在较为多种的高管团队界定方法，为避免高管团队界定方法对本章研究结论产生的影响，本章通过变更高管团队的界定方法进行稳健性检验。首先，将高管团队界定为 CEO 与 CFO；其次，将高管团队界定为 CEO。

高管界定范围变更后的回归结果如表 5–9 所示，学者型高管（ACA）系数均在 1% 的置信水平上显著为正；客户集中度（CUS）的系数在 5% 的置信水平上显著为负；学者型高管与客户集中度的交乘项（ACA×CUS）、学者型高管在 1% 的置信水平上显著为正，与上文研究结论一致。

表 5–9　变更高管范围

| 变量 | CompMn | | | | | |
| | CEO 与 CFO | | | CEO | | |
| | （1） | （2） | （3） | （4） | （5） | （6） |
| ACA | 0.0530*** （4.09） | 0.0580*** （4.46） | 0.0724*** （4.91） | 0.0486*** （3.61） | 0.0537*** （3.98） | 0.0725*** （4.75） |
| ACA×CUS | | 0.3745*** （2.92） | | | 0.3505** （2.54） | |
| ACA×MCL | | | 0.4109*** （2.59） | | | 0.5071*** （3.05） |
| CUS | | −0.1051** （−2.31） | | | −0.0975** （−2.16） | |
| MCL | | | −0.7918*** （−4.92） | | | −0.8028*** （−4.98） |
| SIZE | −0.0794*** （−13.54） | −0.0802*** （−13.61） | −0.0787*** （−13.42） | −0.0792*** （−13.50） | −0.0799*** （−13.55） | −0.0784*** （−13.36） |
| ROA | 2.3993*** （13.83） | 2.3937*** （13.80） | 2.3863*** （13.80） | 2.4003*** （13.83） | 2.3935*** （13.79） | 2.3865*** （13.80） |
| CFO | −0.6946*** （−8.03） | −0.6951*** （−8.04） | −0.7110*** （−8.21） | −0.6949*** （−8.04） | −0.6953*** （−8.05） | −0.7134*** （−8.24） |
| LEV | −0.5545*** （−14.61） | −0.5545*** （−14.61） | −0.5550*** （−14.63） | −0.5552*** （−14.63） | −0.5555*** （−14.63） | −0.5558*** （−14.65） |
| EPS | −0.0380*** （−2.76） | −0.0380*** （−2.76） | −0.0377*** （−2.75） | −0.0381*** （−2.76） | −0.0381*** （−2.76） | −0.0378*** （−2.75） |

续表

| 变量 | CompMn | | | | | |
|---|---|---|---|---|---|---|
| | CEO 与 CFO | | | CEO | | |
| | （1） | （2） | （3） | （4） | （5） | （6） |
| Growth | 0.0395** | 0.0405** | 0.0382* | 0.0397** | 0.0406** | 0.0382* |
| | （1.98） | （2.03） | （1.92） | （1.99） | （2.03） | （1.92） |
| Opinion | 0.4859*** | 0.4877*** | 0.4854*** | 0.4856*** | 0.4876*** | 0.4861*** |
| | （10.05） | （10.07） | （10.03） | （10.04） | （10.06） | （10.05） |
| BIG4 | −0.0667*** | −0.0671*** | −0.0675*** | −0.0665*** | −0.0666*** | −0.0673*** |
| | （−2.85） | （−2.86） | （−2.89） | （−2.84） | （−2.84） | （−2.88） |
| H5 | 0.0943** | 0.0986** | 0.0905* | 0.0946** | 0.0988** | 0.0909** |
| | （2.04） | （2.12） | （1.95） | （2.04） | （2.13） | （1.96） |
| DUAL | 0.0096 | 0.0090 | 0.0095 | 0.0104 | 0.0103 | 0.0100 |
| | （0.78） | （0.73） | （0.77） | （0.84） | （0.83） | （0.81） |
| INDEP | 0.0004 | 0.0005 | 0.0005 | 0.0004 | 0.0005 | 0.0005 |
| | （0.46） | （0.50） | （0.48） | （0.46） | （0.49） | （0.47） |
| STATE | −0.0380*** | −0.0385*** | −0.0392*** | −0.0387*** | −0.0388*** | −0.0399*** |
| | （−3.50） | （−3.53） | （−3.61） | （−3.56） | （−3.56） | （−3.67） |
| _cons | 0.0674 | 0.0802 | −0.0478 | 0.0642 | 0.0762 | −0.0524 |
| | （0.50） | （0.59） | （−0.35） | （0.48） | （0.56） | （−0.39） |
| 年份 | 控制 | 控制 | 控制 | 控制 | 控制 | 控制 |
| 行业 | 控制 | 控制 | 控制 | 控制 | 控制 | 控制 |
| 样本量 | 14595 | 14595 | 14595 | 14595 | 14595 | 14595 |
| 调整后的 $R^2$ | 0.3043 | 0.3048 | 0.3056 | 0.3041 | 0.3045 | 0.3056 |

注：括号内为 T 值；*、**、*** 分别表示在 10%、5%、1% 的置信水平上显著。

### （三）学者型高管指标的替换

本章采用虚拟变量对学者型高管进行度量，为确保研究结果的稳健性，本章借鉴周楷唐等（2017）、沈华玉等（2018）的做法，采用学者型高管占比（ACAP）作为学者型高管的替代度量指标，对模型（5-5）~模型（5-7）

进行检验。检验结果如表 5-10 所示,学者型高管占比(ACAP)系数均在 1% 的置信水平上显著为正;客户集中度(CUS)、产品市场竞争(MCL)的系数均在 1% 的置信水平上显著为负;学者型高管与客户集中度的交乘项 (ACAP×CUS)、学者型高管和产品市场竞争的交乘项(ACAP×MCL)系数均在 1% 的置信水平上显著为正,均与上文研究结论一致。

表 5-10 高管学术经历衡量指标替换的检验

| 变量 | (1) | (2) | (3) |
|---|---|---|---|
| | CompMn | CompMn | CompMn |
| ACAP | 0.1790*** | 0.1942*** | 0.2472*** |
| | (4.55) | (5.01) | (6.00) |
| ACAP×CUS | | 1.2181*** | |
| | | (3.71) | |
| ACAP×MCL | | | 1.2660*** |
| | | | (2.89) |
| CUS | | −0.1313*** | |
| | | (−2.77) | |
| MCL | | | −0.8251*** |
| | | | (−5.04) |
| SIZE | −0.0799*** | −0.0804*** | −0.0790*** |
| | (−13.66) | (−13.67) | (−13.50) |
| ROA | 2.3945*** | 2.3926*** | 2.3791*** |
| | (13.82) | (13.80) | (13.77) |
| CFO | −0.6900*** | −0.6932*** | −0.7035*** |
| | (−7.99) | (−8.03) | (−8.14) |
| LEV | −0.5510*** | −0.5509*** | −0.5519*** |
| | (−14.53) | (−14.53) | (−14.56) |
| EPS | −0.0378*** | −0.0378*** | −0.0376*** |
| | (−2.74) | (−2.74) | (−2.74) |
| Growth | 0.0396** | 0.0410** | 0.0381* |
| | (1.98) | (2.06) | (1.91) |

续表

| 变量 | （1） | （2） | （3） |
| --- | --- | --- | --- |
| | CompMn | CompMn | CompMn |
| Opinion | 0.4847***<br>（10.04） | 0.4874***<br>（10.08） | 0.4850***<br>（10.04） |
| BIG4 | −0.0684***<br>（−2.93） | −0.0686***<br>（−2.93） | −0.0682***<br>（−2.93） |
| H5 | 0.0963**<br>（2.08） | 0.1028**<br>（2.21） | 0.0958**<br>（2.07） |
| DUAL | 0.0117<br>（0.95） | 0.0109<br>（0.89） | 0.0117<br>（0.96） |
| INDEP | 0.0004<br>（0.43） | 0.0005<br>（0.49） | 0.0005<br>（0.51） |
| STATE | −0.0393***<br>（−3.61） | −0.0405***<br>（−3.70） | −0.0409***<br>（−3.76） |
| _cons | 0.0745<br>（0.55） | 0.0788<br>（0.58） | −0.0506<br>（−0.37） |
| 年份 | 控制 | 控制 | 控制 |
| 行业 | 控制 | 控制 | 控制 |
| 样本量 | 14595 | 14595 | 14595 |
| 调整后的 $R^2$ | 0.3047 | 0.3054 | 0.3062 |

注：括号内为 T 值；*、**、*** 分别表示在 10%、5%、1% 的置信水平上显著。

### （四）控制高管团队的个人特征

考虑会计信息可比性可能会受到高管团队其他个人特征的影响，本章添加了高管的年龄、性别、教育背景、海外背景等作为高管团队个人特征的控制变量，对模型（5−5）~模型（5−7）进行检验。

上述高管团队个人特征的控制变量度量方式如下：

（1）年龄（TMTage）为高管团队的平均年龄，采用高管团队的平均年龄进行衡量；

（2）性别（TMTgender）为女性高管占比，在高管的性别进行赋值的基础上（女性赋值为1，男性则为0），计算女性高管占比；

（3）教育背景（TMTedu）为高管团队的平均受教育程度，依次将高管的最高受教育程度按照初中、高中、本科、硕士、博士分别赋值为1~5，并计算高管团队的平均受教育程度[①]；

（4）海外背景（TMToversea）为高管团队的海外背景占比，在对高管海外背景进行赋值的基础上（高管具有海外背景赋值为1，否则为0），计算有海外背景的高管占比。

检验结果如表5-11所示，在控制了年龄、性别、教育背景、海外背景之后，学者型高管（ACA）系数均在1%的置信水平上显著为正；客户集中度（CUS）在10%的置信水平上显著为负；学者型高管与客户集中度的交乘项（ACA×CUS）系数在1%的置信水平上显著为正；学者型高管和产品市场竞争的交乘项（ACA×MCL）系数在边际上为正，研究结论与上文基本保持一致。

同时，在高管个人特征的控制变量方面，高管的年龄、教育背景、海外背景与会计信息可比性没有显著关系，说明高管的学术经历对会计信息可比性的影响是显著存在的。此外，本书还对多重共线性进行检验，尤其关注高管的学术背景与受教育程度之间是否存在多重共线性问题，结果显示，VIF数值均小于3，不存在多重共线性问题。

表 5-11　控制高管其他个人特征的回归

| 变量 | CompMn | | |
|---|---|---|---|
| | （1） | （2） | （3） |
| ACA | 0.0508*** | 0.0557*** | 0.0632*** |
| | （2.82） | （3.13） | （3.08） |
| ACA × CUS | | 0.4595*** | |
| | | （3.03） | |
| ACA × MCL | | | 0.2619 |
| | | | （1.22） |

---

① 由于高管团队的学历数据有缺失，导致研究样本减少至10012。

| 变量 | CompMn | | |
|---|---|---|---|
| | （1） | （2） | （3） |
| CUS | | −0.1956[*]<br>（−1.88） | |
| MCL | | | −0.6508[***]<br>（−2.86） |
| TMTage | 0.0007<br>（0.28） | 0.0007<br>（0.28） | 0.0006<br>（0.24） |
| TMTgender | 0.2289[***]<br>（3.30） | 0.2282[***]<br>（3.29） | 0.2277[***]<br>（3.28） |
| TMToversea | −0.0107<br>（−0.14） | −0.0133<br>（−0.17） | −0.0090<br>（−0.11） |
| TMTedu | 0.0290<br>（1.59） | 0.0289<br>（1.59） | 0.0289<br>（1.59） |
| SIZE | −0.0771[***]<br>（−6.86） | −0.0771[***]<br>（−6.86） | −0.0766[***]<br>（−6.84） |
| ROA | 2.6575[***]<br>（9.74） | 2.6630[***]<br>（9.73） | 2.6436[***]<br>（9.71） |
| CFO | −0.6826[***]<br>（−4.84） | −0.6858[***]<br>（−4.86） | −0.6923[***]<br>（−4.90） |
| LEV | −0.4811[***]<br>（−6.89） | −0.4801[***]<br>（−6.89） | −0.4802[***]<br>（−6.88） |
| EPS | −0.0623[**]<br>（−2.22） | −0.0632[**]<br>（−2.23） | −0.0620[**]<br>（−2.21） |
| Growth | 0.0448<br>（1.61） | 0.0466[*]<br>（1.67） | 0.0434<br>（1.56） |
| Opinion | 0.4760[***]<br>（7.23） | 0.4802[***]<br>（7.28） | 0.4766[***]<br>（7.23） |

| 变量 | CompMn | | |
|---|---|---|---|
| | （1） | （2） | （3） |
| BIG4 | −0.0584<br>（−1.16） | −0.0574<br>（−1.14） | −0.0567<br>（−1.13） |
| H5 | 0.1201<br>（1.27） | 0.1272<br>（1.35） | 0.1197<br>（1.26） |
| DUAL | 0.0187<br>（0.98） | 0.0178<br>（0.94） | 0.0186<br>（0.98） |
| INDEP | −0.0020<br>（−0.92） | −0.0018<br>（−0.86） | −0.0020<br>（−0.91） |
| STATE | −0.0425*<br>（−1.86） | −0.0451**<br>（−1.97） | −0.0437*<br>（−1.92） |
| _cons | −0.1227<br>（−0.43） | −0.1333<br>（−0.46） | −0.2180<br>（−0.75） |
| 年份 | 控制 | 控制 | 控制 |
| 行业 | 控制 | 控制 | 控制 |
| 样本量 | 10012 | 10012 | 10012 |
| 调整后的 $R^2$ | 0.3240 | 0.3252 | 0.3247 |

注：括号内为 T 值；*、**、*** 分别表示在 10%、5%、1% 的置信水平上显著。

### （五）变更回归模型

为了防止公司个体因素的影响，避免误差项出现聚类现象，从而导致 T 统计量被高估，本章按照公司对标准误差进行了聚类处理（Clustered by Firm），并对模型（5-5）~ 模型（5-7）进行检验。聚类处理的检验结果如表 5-12 所示，学者型高管（ACA）的系数均在 1% 的置信水平上显著为正；客户集中度（CUS）、产品市场竞争（MCL）的系数分别在 5%、1% 的置信水平上显著为负；学者型高管与客户集中度的交乘项（ACA×CUS）的系数在 1% 的置信水平上显著为正；学者型高管与产品市场竞争（ACA×MCL）的系数在边际上为正，研究结论与上文基本保持一致。

表 5-12　聚类检验

| 变量 | （1） | （2） | （3） |
|---|---|---|---|
| | CompMn | CompMn | CompMn |
| ACA | 0.0705*** <br> （4.46） | 0.0736*** <br> （4.69） | 0.0856*** <br> （4.71） |
| ACA × CUS | | 0.4284*** <br> （3.40） | |
| ACA × MCL | | | 0.3040 <br> （1.50） |
| CUS | | −0.1647** <br> （−2.01） | |
| MCL | | | −0.8129*** <br> （−3.99） |
| SIZE | −0.0813*** <br> （−8.35） | −0.0818*** <br> （−8.36） | −0.0804*** <br> （−8.29） |
| ROA | 2.3862*** <br> （9.61） | 2.3923*** <br> （9.64） | 2.3702*** <br> （9.59） |
| CFO | −0.6885*** <br> （−6.09） | −0.6902*** <br> （−6.11） | −0.7024*** <br> （−6.22） |
| LEV | −0.5481*** <br> （−9.60） | −0.5468*** <br> （−9.60） | −0.5490*** <br> （−9.63） |
| EPS | −0.0374 <br> （−1.54） | −0.0375 <br> （−1.55） | −0.0372 <br> （−1.53） |
| Growth | 0.0391* <br> （1.82） | 0.0404* <br> （1.88） | 0.0379* <br> （1.77） |
| Opinion | 0.4848*** <br> （8.31） | 0.4875*** <br> （8.34） | 0.4849*** <br> （8.31） |
| BIG4 | −0.0713 <br> （−1.59） | −0.0717 <br> （−1.60） | −0.0710 <br> （−1.59） |

续表

| 变量 | （1）<br>CompMn | （2）<br>CompMn | （3）<br>CompMn |
|---|---|---|---|
| H5 | 0.1045<br>（1.36） | 0.1126<br>（1.46） | 0.1037<br>（1.35） |
| DUAL | 0.0082<br>（0.47） | 0.0071<br>（0.41） | 0.0084<br>（0.48） |
| INDEP | 0.0005<br>（0.27） | 0.0005<br>（0.29） | 0.0005<br>（0.28） |
| STATE | $-0.0377^{**}$<br>（$-2.03$） | $-0.0396^{**}$<br>（$-2.14$） | $-0.0393^{**}$<br>（$-2.12$） |
| _cons | 0.0941<br>（0.42） | 0.0993<br>（0.44） | $-0.0264$<br>（$-0.12$） |
| 年份 | 控制 | 控制 | 控制 |
| 行业 | 控制 | 控制 | 控制 |
| 样本量 | 14595 | 14595 | 14595 |
| 调整后的 $R^2$ | 0.3056 | 0.3067 | 0.3069 |

注：括号内为 T 值；*、**、*** 分别表示在 10%、5%、1% 的置信水平上显著。

## 六、进一步检验

现有研究发现，产品竞争市场对会计信息可比性的影响途径主要包括专有性成本效应、盈利压力效应和公司治理效应（袁知柱等，2017）。同时，当企业面临着较高的信息披露的专有性成本，有目的性的选择信息披露有助于避免大客户的"敲竹杠"风险（张文杰和潘临，2018）。为了探讨学者型高管对会计信息可比性的影响机制，本章借鉴现有研究成果，从专有性成本效应、盈利压力效应和公司治理效应三个切入点进行检验。具体检验思路为，学者型高管提高了企业在产品市场的竞争力，能够避免企业过度披露而导致的竞争劣势成本以及被大客户"敲竹杠"的风险，增加企业的盈利空间，降低高管团队的盈利压力。同时，学者型高管能够提高企业的公司治理水平，有利于提高企业的会计信息披露水平。

**（一）专有性成本效应**

根据梁飞媛（2008）、袁知柱等（2017）的研究，本章通过企业的研发投入检验高管学术经历对专有成本效应的影响。具体而言，采用研发投入作为专有性成本效应的代理变量，主要是因为研发投入的特点是投入规模大、取得成效慢和失败风险高，是企业专有性成本的重要表现。虽然研发投入的费用化处理会减少利润，但研发投入的加计扣除抵税作用以及对企业盈利能力的正面影响[①]，反映出研发投入与盈余压力并无关系。

具体的检验思路如下：本章采用研发投入的自然对数、研发投入占期末总资产的比例分别作为研发投入的度量指标，并按照研发投入的分年度分行业中位数将研发投入分为低研发投入组和高研发投入组，进而对模型（5-5）进行分组检验，通过低研发投入组和高研发投入组的组间系数差异检验判断学者型高管对会计信息可比性影响的差异性，并以此为依据判断学者型高管对专有性成本的影响。

研发投入分组检验结果[②]如表 5-13 所示。第（1）~（4）列中，学者型高管（ACA）的回归系数分别在 1% 与 5% 的置信水平上显著为正，说明学者型高管会提高低研发投入组和高研发投入组的会计信息可比性。通过观察学者型高管（ACA）的系数可以发现，高研发投入组的 ACA 回归系数均大于低研发投入组，且似无相关模型（SUR）对学者型高管（ACA）系数的组间差异检验结果显著（Chi2 均在 5% 的置信水平上显著）。可以看出，学者型高管对会计信息可比性的正向影响在高研发投入组比较明显，这说明学者型高管能够缓解专有性成本效应对会计信息可比性的负面影响。

---

① 根据袁知柱等（2017）的研究，研发费用与资产净利率的回归结果表明，研发费用与资产净利率正相关。本书采用按此方法进行回归，结果与袁知柱等（2017）的结果一致，受限于篇幅，不报告相应的回归结果。

② 研发投入的数据来源于 CSMAR 数据库 – 财务报表附注，由于部分上市公司未在财务报表附注披露研发投入明细，造成样本有所缺失，最终的研究样本为 9632。

表 5-13　专有性成本的检验（研发投入）

| 变量 | CompMn | | | |
|---|---|---|---|---|
| | 研发投入对数 | | 研发投入占比 | |
| | 高 | 低 | 高 | 低 |
| | （1） | （2） | （3） | （4） |
| ACA | 0.0933*** | 0.0384** | 0.0928*** | 0.0379** |
| | （5.08） | （2.21） | （5.14） | （2.15） |
| SIZE | −0.1345*** | −0.0692*** | −0.1395*** | −0.0728*** |
| | （−12.14） | （−6.18） | （−12.27） | （−6.29） |
| ROA | 1.5614*** | 2.5843*** | 2.5416*** | 2.4084*** |
| | （6.84） | （11.07） | （11.53） | （10.11） |
| CFO | −1.0152*** | −1.0280*** | −1.2669*** | −0.7678*** |
| | （−6.25） | （−7.46） | （−7.79） | （−5.58） |
| LEV | −0.5527*** | −0.6091*** | −0.4351*** | −0.6118*** |
| | （−8.05） | （−11.51） | （−6.56） | （−11.09） |
| EPS | −0.0085 | 0.0174 | −0.0101 | −0.0497** |
| | （−1.05） | （0.74） | （−1.26） | （−2.10） |
| Growth | 0.1066*** | 0.0054 | 0.0756** | 0.0393 |
| | （2.91） | （0.18） | （2.10） | （1.31） |
| Opinion | 0.6134*** | 0.4985*** | 0.6708*** | 0.4346*** |
| | （9.92） | （10.30） | （11.78） | （8.37） |
| BIG4 | −0.0414 | −0.0768 | −0.0661** | −0.0045 |
| | （−1.31） | （−1.54） | （−2.08） | （−0.09） |
| H5 | −0.2532*** | 0.2489*** | −0.2429*** | 0.2266*** |
| | （−3.00） | （2.98） | （−2.91） | （2.66） |
| DUAL | −0.0257 | −0.0045 | −0.0465** | 0.0029 |
| | （−1.15） | （−0.23） | （−2.13） | （0.15） |
| INDEP | −0.0005 | 0.0018 | −0.0003 | 0.0019 |
| | （−0.32） | （1.22） | （−0.21） | （1.23） |

续表

| 变量 | CompMn | | | |
| --- | --- | --- | --- | --- |
| | 研发投入对数 | | 研发投入占比 | |
| | 高 | 低 | 高 | 低 |
| | （1） | （2） | （3） | （4） |
| STATE | −0.0811*** | −0.0803*** | −0.0821*** | −0.0550*** |
| | （−4.04） | （−4.28） | （−4.13） | （−2.90） |
| _cons | 1.1515*** | −0.2807 | 1.0535*** | −0.1030 |
| | （4.15） | （−0.99） | （3.82） | （−0.35） |
| 年份 | 控制 | 控制 | 控制 | 控制 |
| 行业 | 控制 | 控制 | 控制 | 控制 |
| 样本量 | 4870 | 4762 | 4867 | 4765 |
| 调整后的 $R^2$ | 0.3132 | 0.3390 | 0.3427 | 0.3033 |
| Chi2（Surest） | 5.36** | | 5.33** | |

注：括号内为 T 值；*、**、*** 分别表示在 10%、5%、1% 的置信水平上显著。

本章对学者型创新绩效的影响进行检验，考察创新绩效是否为高管学术经历缓解专有性成本效应的途径。具体的检验思路如下：检验高管学术经历是否增加了企业的专利申请的数量与质量，增强了企业的竞争力，从而降低信息披露产生的专有性成本。

本书在第三章的研究成果表明，学者型高管能够提高企业的专利申请数量。同时，学者型高管对企业实质性创新的促进作用明显高于策略性创新，能够提高企业创新的质量。这说明，提高企业创新绩效的数量和质量是学者型高管影响专有性成本效应的机制。

### （二）盈余压力检验

激烈的市场竞争会压缩企业的超额利润水平，产生外部盈余压力，进而导致管理层实施盈余管理行为调高利润，而高质量的审计是抑制盈余管理的重要手段。现有研究成果认为，审计质量越高，审计师发挥的外部监督作用越显著，有利于降低盈余管理程度，提高会计信息质量与可信度。审计费用是以审计师工作量为基础的鉴证业务收费，审计费用高表明审计师付出了更多的工作，审计质量较高。因此，本章采用审计费用占期末总资产的比例作为审计质量的度量指标，并按照审计费用的中位数划分为低审计费用组和高审计费用组，对模型（5-5）进行分组检验，并通过低审计费用组和高审计费用组的组间系数差异检验判断高管学术经历对会计信息可比性影响的差异性，并以此为依据判断学者型高管对盈余压力的影响。

表5-14的第（1）~（2）列报告了审计收费分组检验的结果。学者型高管（ACA）的系数分别在5%、1%的置信水平上显著为正，说明学者型高管在低审计费用组和高审计费用组均会增加会计信息可比性。通过观察学者型高管（ACA）的回归系数可以发现，审计费用较低组的 ACA 回归系数大于审计费用较高组，且似无相关模型（SUR）对学者型高管（ACA）系数的组间差异检验结果显著（Chi2 在 1% 的置信水平上显著）。可以看出，学者型高管对会计信息可比性的正向影响在审计质量较差的企业中比较明显，说明学者型高管能够缓解外部盈余压力效应，弥补审计质量的不足，发挥一定的内部监督作用。

根据上文的研究结果，学者型高管缓解了高管团队的盈余压力，必然会降低企业的盈余管理程度。为了确保研究结果的可靠性，本章采用应计盈余管理（DACC）作为盈余管理的代理变量，探讨学者型高管对盈余管理程度的影响。具体而言，本章采用基本琼斯模型、修正琼斯模型估算应计盈余管理程度，并进行检验。具体的回归模型如模型（5-8）所示。

$$DACC_t=a_0+a_1ACA_t+a_{2i}\sum_{i=1}^{n}Control_i+\sum_{j=1}^{n}a_{3j}IND_j+\sum_{k=1}^{n}a_{4i}YEAR_k+e_i \quad （5-8）$$

表5-14的第（3）~（4）列报告了模型（5-8）的检验结果。学者型高管（ACA）的系数均在 1% 的置信水平上显著为负，可以看出学者型高管可以抑制应计盈余操纵，印证了学者型高管能够提高盈余质量。

表 5-14　盈余压力效应的检验

| 变量 | CompMn | | DACC | DACC |
|---|---|---|---|---|
| | 审计费用高 | 审计费用低 | 基本琼斯模型 | 修正琼斯模型 |
| | （1） | （2） | （3） | （4） |
| ACA | 0.0326** <br> （2.40） | 0.1110*** <br> （6.61） | −0.0031*** <br> （−4.09） | −0.0033*** <br> （−4.18） |

续表

| 变量 | CompMn | | DACC | DACC |
|---|---|---|---|---|
| | 审计费用高 | 审计费用低 | 基本琼斯模型 | 修正琼斯模型 |
| | （1） | （2） | （3） | （4） |
| SIZE | −0.0399*** | −0.1396*** | 0.0030*** | 0.0027*** |
| | （−4.67） | （−14.34） | （7.08） | （6.07） |
| ROA | 2.3659*** | 0.9064*** | 0.8338*** | 0.7509*** |
| | （14.35） | （4.23） | （73.40） | （57.27） |
| CFO | −0.5657*** | −0.7561*** | −0.9566*** | −0.8632*** |
| | （−6.04） | （−6.01） | （−133.02） | （−113.84） |
| LEV | −0.4903*** | −0.7425*** | −0.0052* | −0.0114*** |
| | （−12.73） | （−12.91） | （−1.91） | （−4.15） |
| EPS | 0.0466*** | −0.0221*** | −0.0013* | −0.0016 |
| | （2.68） | （−2.71） | （−1.95） | （−1.52） |
| Growth | −0.0001 | 0.0918*** | −0.0233*** | −0.0188*** |
| | （−0.00） | （3.43） | （−11.87） | （−9.90） |
| Opinion | 0.3567*** | 0.6683*** | 0.0075** | 0.0051 |
| | （10.42） | （11.93） | （2.33） | （1.55） |
| BIG4 | −0.0512* | −0.0348 | −0.0004 | −0.0009 |
| | （−1.72） | （−1.19） | （−0.29） | （−0.61） |
| H5 | 0.2224*** | 0.0103 | 0.0035 | 0.0031 |
| | （3.58） | （0.15） | （1.07） | （0.93） |
| DUAL | −0.0254* | 0.0486** | 0.0001 | 0.0003 |
| | （−1.70） | （2.36） | （0.09） | （0.28） |
| INDEP | 0.0012 | 0.0014 | 0.0000 | 0.0001 |
| | （1.07） | （1.10） | （0.42） | （0.85） |
| STATE | −0.0144 | −0.0785*** | −0.0001 | 0.0007 |
| | （−1.05） | （−4.58） | （−0.14） | （0.86） |
| _cons | −0.8215*** | 1.3858*** | −0.0305*** | −0.0202* |
| | （−4.44） | （6.33） | （−3.07） | （−1.94） |

续表

| 变量 | CompMn | | DACC | DACC |
|---|---|---|---|---|
| | 审计费用高 | 审计费用低 | 基本琼斯模型 | 修正琼斯模型 |
| | （1） | （2） | （3） | （4） |
| 年份 | Yes | Yes | Yes | Yes |
| 行业 | Yes | Yes | Yes | Yes |
| 样本量 | 7508 | 7087 | 14475 | 14431 |
| 调整后的 $R^2$ | 0.3494 | 0.2903 | 0.7045 | 0.6426 |
| Chi2（Surest） | 14.21*** | | | |

注：括号内为 T 值；*、**、*** 分别表示 10%、5%、1% 的置信水平上显著。

### （三）公司治理效应检验

方红星等（2017）研究发现，地区法律环境能够对会计信息可比性起到有效的约束作用。袁知柱等（2017）认为，投资者保护制度作为一种外部治理方式，也能影响会计信息可比性。如果学者型高管能够发挥公司治理效应，必定能够通过内部治理效应弥补外部治理的不足。因此，借鉴上述研究成果的观点，本章采用樊纲的市场化程度指数作为地区法律环境和投资者保护制度的替代衡量指标，并按照分年度中位数将研发投入分为法律环境较好组和法律环境较差组，对模型（5-5）进行分组检验，并通过法律环境较好组和法律环境较差组的组间系数差异检验高管学术经历对会计信息可比性的影响在不同法律环境下的差异性，并以此为依据判断学者型高管对公司治理的影响。

表 5-15 报告了法律环境分组检验的结果。第（1）~（2）列中，学者型高管（ACA）的系数分别在 5%、1% 的置信水平上显著为正，说明学者型高管在法律环境较好组和法律环境较差组均会增加会计信息可比性。通过观察学者型高管（ACA）的回归系数可以发现，法律环境较差组的 ACA 回归系数大于法律环境较好组，相关模型（SUR）对学者型高管（ACA）系数的组间差异检验结果显著（Chi2 在 5% 的置信水平上显著）。可以看出，学者型高管对会计信息可比性的正向影响在法律环境较差组中比较明显，这说明学者型高管能够弥补外部治理环境的不足，发挥一定的内部治理作用，公司治理效应得以验证。

表 5-15 公司治理效应的检验

| 变量 | CompMn | |
|---|---|---|
| | 法律环境较好 | 法律环境较差 |
| | （1） | （2） |
| ACA | 0.0389$^{**}$ | 0.0883$^{***}$ |
| | （2.03） | （5.40） |
| SIZE | −0.0726$^{***}$ | −0.0831$^{***}$ |
| | （−8.03） | （−10.39） |
| ROA | 3.0276$^{***}$ | 2.5591$^{***}$ |
| | （14.22） | （17.45） |
| CFO | −0.5100$^{***}$ | −0.8673$^{***}$ |
| | （−4.46） | （−7.72） |
| LEV | −0.3752$^{***}$ | −0.6880$^{***}$ |
| | （−6.89） | （−14.08） |
| EPS | −0.1079$^{***}$ | −0.0142 |
| | （−4.76） | （−1.59） |
| Growth | −0.0145$^{*}$ | −0.0000 |
| | （−1.82） | （−1.03） |
| Opinion | 0.4255$^{***}$ | 0.6238$^{***}$ |
| | （7.63） | （13.45） |
| BIG4 | −0.0290 | −0.1207$^{***}$ |
| | （−0.89） | （−3.68） |
| H5 | 0.3201$^{***}$ | −0.0364 |
| | （4.32） | （−0.52） |
| DUAL | 0.0521$^{**}$ | −0.0086 |
| | （2.37） | （−0.45） |
| INDEP | 0.0009 | −0.0000 |
| | （0.61） | （−0.02） |

| 变量 | CompMn | |
|---|---|---|
| | 法律环境较好 | 法律环境较差 |
| | （1） | （2） |
| STATE | 0.0371$^{**}$ | −0.0735$^{***}$ |
| | （2.01） | （−4.31） |
| _cons | −0.0603 | 0.3137 |
| | （−0.30） | （1.45） |
| 年份 | 控制 | 控制 |
| 行业 | 控制 | 控制 |
| 样本量 | 5005 | 9590 |
| 调整后的 $R^2$ | 0.2693 | 0.3001 |
| Chi2（Surest） | 4.13$^{**}$ | |

注：括号内为 T 值；*、**、*** 分别表示在 10%、5%、1% 的置信水平上显著。

# 本章小结

本章首先对学者型高管对会计信息可比性的影响进行研究，并从产品市场的视角出发，检验学者型高管能否缓解客户集中度和产品市场竞争对会计信息可比性的负相关关系。为确保上述研究结论的稳健性，本章采用 Heckman 两阶段、倾向得分配对（PSM）和滞后一期回归控制内生性问题，并通过更换会计信息可比性的度量指标、学者型高管的度量指标、变更高管团队的界定范围、变更回归模型、控制高管团队其他个人特征等方法进行稳健性检验。在此基础上，本章对学者型高管对会计信息可比性的影响机制进行研究，主要考察学者型高管对专有性成本效应、盈余压力效应和公司治理效应的影响。通过上述的实证检验，本章主要得出以下结论：

第一，学者型高管能够增强会计信息的可比性，对会计信息质量产生积极影响。这种积极影响能够缓解客户集中度高、产品市场竞争激烈对会计信息可比性的负面影响。

第二，学者型高管对会计信息可比性的影响，在研发投入较高的样本中更为明显。结合第三章研究发现，学者型高管能够提高企业的创新绩效，促进实质性创新，提高企业在产品市场的竞争力。可以看出，学者型高管能够缓解专有性成本效应对会计信息可比性产生的负面影响。

第三，学者型高管对会计信息可比性的影响，在审计质量较低的样本中更为明显。同时，学者型高管能够降低企业盈余管理程度，提高盈余质量。可以看出，学者型高管能够缓解盈余压力对会计信息可比性的负面影响。

第四，学者型高管对会计信息可比性的影响，在法律环境较差的样本中更为明显。可以看出，学者型高管能够发挥一定的内部治理效应，弥补外部治理的不足。

总体而言，本章研究发现，学者型高管能够提高会计信息可比性，缓解客户集中度高和产品市场竞争激烈对会计信息可比性造成的负面影响。相应的机制检验发现，学者型高管主要是通过缓解专有性成本效应和盈余压力效应，发挥公司治理效应，对会计信息可比性产生积极的影响。

# 第六章 结论、启示与研究展望

## 第一节 研究结论

科研人员下海是我国一个独特的经济现象，科研人员到企业任职或兼职是我国上市公司的一个特色。企业的高管具有学术经历是我国企业发展的一个特色。本书以 2008~2020 年我国沪深 A 股上市公司的数据为研究样本，以产品市场作为研究视角，考察学者型高管对企业财务行为产生的影响，检验学者型高管在企业中能够发挥的作用。研究发现：

第一，在企业投资行为方面。学者型高管任职的企业拥有更高的研发投资密度和更好的创新绩效，在这个过程中，研发投资密度起了部分中介效应。随着学者型高管比例的增加，企业的研发投资密度和创新绩效也随之提高。同时，本书从时间维度研究了学者型高管对企业创新行为的影响，发现学者型高管对创新绩效的促进作用存在当期效应与时滞效应，且学者型高管对企业创新的传导作用在时滞效应中更为明显。在对创新绩效的进一步分析中，考虑到专利申请包括发明、实用新型和外观设计，三者的含金量和申请难度依次递减，本书研究发现，学者型高管对创新绩效的促进作用存在着明显的差异，提升效果从高到低依次为发明、实用新型和外观设计，说明学者型高管对实质性创新的促进作用更为明显。再深入分析发现，学者型高管对国有企业、高科技企业的实质性创新的促进作用更明显，能够缓解产业政策激励影响而偏好策略性创新所带来的不利影响。在对研发投资密度的进一步分析中，本书发现，学者型高管对高科技企业、非国有企业和小规模企业的研发投资密度的提升效果更为明显。同时，本书研究发现，学者型高管对专利申请、发明申请的影响在市场化程度低的地区更为显著，但对实用新型、外观设计的影响在不同市场化程度的地区的差异并不显著。本书还对学院派对创新绩效影响的机理进行研究，发现学者型高管能够增加企业研发人员比例，这种影响在低市场化程度的地区更加明显。

第二，在企业融资行为方面。学者型高管增加了商业信用融资的规模和商业信用供给，促进了供应链信用再配置。进一步的机制检验发现，竞争力机制和信任机制是学者型高管影响商业信用的主要机制。其中，信任机制指学者型高管提高了企业声誉，降低了企业信息风险与代理风险，获得更多的商业信用融资，并承担信用二次配置作用，提供更多的商业信用供给。竞争力机制指学者型高管增强了企业竞争力，获得更多的商业信用融资，并主动参与市场竞争，提供更多的商业信用供给。同时，由于学者型高管提升了企业竞争力，客户减少了对非国有企业的体恤，增加了商业信用的占用。

第三，在企业经营行为方面。学者型高管能够增强会计信息的可比性，对会计信息质量产生积极影响。这种积极影响能够缓解客户集中度高、产品市场竞争激烈对会计信息可比性的负面影响。进一步的机制检验发现：①学者型高管能够提高企业的创新绩效，促进实质性创新，提高企业在产品市场的竞争力，从而缓解专有性成本效应对会计信息可比性产生的负面影响；②学者型高管通过提高会计盈余质量，缓解了盈余压力对会计信息可比性的负面影响；③学者型高管是内部治理的有效手段，提高了公司治理效应，增强了会计信息可比性。可以看出，学者型高管能够增强企业创新绩效，提高企业公司治理水平，增强盈利质量，提高产品竞争力，不惧怕会计信息披露而产生的负面影响。

综上所述，本书主要认为学者型高管能够通过企业创新增强企业核心竞争力，通过企业声誉机制降低企业信息风险和代理风险，提高市场地位。因此，拥有学者型高管的企业能够缓解客户集中度高、产品市场竞争激烈对会计信息可比性的负面影响，愿意提供可比性更高的会计信息，促进了供应链资源配置的效率。

以上结论在采用 Heckman 两阶段、倾向的分配对（PSM）、滞后一期等方法控制内生性问题后仍然成立。最后，本书还进行了一系列的稳健性检验，包括变更学者型高管的度量方式、变更高管范围的界定、变更回归模型、控制高管其他个人特征等，本书的研究结论依然成立。

# 第二节　研究启示

本书研究发现，学者型高管主要通过竞争力机制、声誉机制和公司治理机制增强了企业在产品市场上的竞争力，提升市场地位。可以看出，学者型高管在企业实体经营方面能够发挥较大的作用。因此，我国政府应该继续制定和完善科研人员到企业兼职或任职的相应鼓励政策，更好地促进产学研融合。对于企业而言，应该适当地聘任科研人员担任企业的高管，增强企业的竞争力。

## 第三节　研究局限与未来展望

本书主要是以产品市场为研究视角，对学者型高管对企业财务行为的影响进行研究，虽然聚焦于单一问题进行深入研究，但对于学者型高管在其他方面所能够发挥的作用的解释并不够全面。同时，本书对学者型高管在不同环境下对企业财务行为影响的异质性研究略显不足，尚不能有针对性的政策建议。上述两个方面，是后续研究的切入点与重点。

# 参考文献

［1］Aier J K, Comprix J, Gunlock M T, et al. The Financial Expertise of CFOs and Accounting Restatements［J］. Accounting Horizons, 2008, 19（3）: 123–135.

［2］Allen F, Qian J, Qian M. Law Finance and Economic Growth in China［J］. Journal of Financial Economics, 2005, 77（1）: 57–116.

［3］Alm J, Torgler B. Do Ethics Matter? Tax Compliance and Morality［C］// Tulane University, Department of Economics, 2011: 635–651.

［4］Audretsch D, Lehmann E. Entrepreneurial Access and Absorption of Knowledge Spillovers: Strategic Board and Managerial Composition for Competitive Advantage［J］. Journal of Small Business Management, 2006, 44（2）: 155–166.

［5］Bamber L S, Jiang J, Wang I Y. What's My Style? The Influence of Top Managers on Voluntary Corporate Financial Disclosure［J］. Accounting Review, 2010, 85（4）: 1131–1162.

［6］Baron R M, Kenny D A. The Moderator–Mediator Variable Distinction in Social Psychological Research: Conceptual, Strategic, and Statistical Considerations［J］. Journal of Personality and Social Psychology, 1987, 51（6）: 1173–1182.

［7］Be´Dard J, Chtourou S M, Courteau L. The Effect of Audit Committee Expertise, Independence, and Activity on Aggressive Earnings Management［J］. Auditing A Journal of Practice & Theory, 2004, 23（2）: 13–35.

［8］Bernile G, Bhagwat V, Rau P R. What Doesn'T Kill You Will Only Make You More Risk–Loving: Early–Life Disasters and Ceo Behavior［J］. The Journal of Finance, 2016, 72（1）: 167–206.

［9］Biernat M, Fuegen K. Shifting Standards and the Evaluation of Competence: Complexity in Gender–Based Judgment and Decision Making［J］. Journal of Social Issues, 2010, 57（4）: 707–724.

［10］Bougheas S, Mateut S, Mizen P. Corporate Trade Credit and Inventories: New Evidence of a Trade–off from Accounts Payable and Receivable［J］. Journal of Banking & Finance, 2009, 33（2）: 300–307.

［11］Brennan M J, Miksimovic V, Zechner J. Vendor Financing［J］. The Journal of

Finance. 1988, 43 ( 5 ): 1127–1141.

［12］Burt R S. Structural Holes: The Social Structure of Competition ［M］. Boston: Harvard University Press, 1992.

［13］Cascino S, Gassen J. What Drives the Comparability Effect of Mandatory IFRS Adoption? ［J］. Review of Accounting Studies, 2015, 20 ( 1 ): 242–282.

［14］Chemmanur T J, Loutskina E, Tian X. Corporate Venture Capital, Value Creation, and Innovation ［J］. Social Science Electronic Publishing, 2011, 27 ( 8 ): 2434–2473.

［15］Cho C H, Jung J H, Kwak B, et al. Professors on the Board: Do They Contribute to Society Outside the Classroom? ［J］. Journal of Business Ethics, 2015, 141( 2 ): 1–17.

［16］Chu Y, Tian X, Wang W, et al. Corporate Innovation Along the Supply Chain ［J］. Management Science, 2019, 65 ( 6 ): 2445–2466.

［17］Cloodt M, Hagedoorn J, Kranenburg H V. Mergers and Acquisitions: Their Effect on the Innovative Performance of Companies in High-tech Industries ［J］. Research Policy, 2006, 35 ( 5 ): 642–654.

［18］Coricelli F. Finance and Growth in Economies in Transition ［J］. European Economic Review, 1996, 40 ( 3–5 ): 645–653.

［19］Cull R, Xu L C, Tian Z. Formal Finance and Trade Credit During China's Transition ［J］. Journal of Financial Intermediation, 2009, 18 ( 2 ): 173–192.

［20］Cunat V. Trade Credit: Suppliers as Debt Collectors and Insurance Providers ［J］. Review of Financial Studies, 2007, 20 ( 2 ): 491–527.

［21］Czarnitzki D, Hanel P, Rosa J M. Evaluating the Impact of R&D Tax Credits on Innovation: A Micro Econometric Study on Canadian Firms ［J］. Research Policy, 2011, 40 ( 2 ): 217–229.

［22］Czarnitzki D, Licht G. Additionality of Public R&D Grants in a Transition Economy ［J］. Economics of Transition, 2006, 14 ( 1 ): 101–131.

［23］Dan D, Naiker V, Navissi F. The Association between Accruals Quality and the Characteristics of Accounting Experts and Mix of Expertise on Audit Committees ［J］. Contemporary Accounting Research, 2010, 27 ( 3 ): 787－827.

［24］Dan S Dhaliwal, Huang S X, Khurana I K, et al. Product Market Competition and Conditional Conservatism ［J］. Review of Accounting Studies, 2014, 19 ( 4 ): 1309–1345.

［25］Deloof M, Jegers M.Trade Credit, Product Quality, and Intragroup Sales: Some European Evidence ［J］.Financial Management, 1996, 25 ( 3 ): 33–43.

［26］Elias, Baumgarten. Ethics in the Academic Profession. A Socratic View ［J］. The

Journal of Higher Education, 1982, 53 (2): 282–295.

[27] Emery, Gary. An Optimal Financial Response to Variable Demand [J]. Journal of Financial and Quantitative Analysis, 1987, 22 (2): 209–225.

[28] Fang X, Li Y, Xin B, et al. Financial Statement Comparability and Debt Contracting: Evidence from the Syndicated Loan Market [J]. Social Science Electronic Publishing, 2016, 30 (2): 277–303.

[29] Finkelstein S. Power in Top Management Teams: Dimensions, Measurement, and Validation [J]. Academy of Management Journal Academy of Management, 1992, 35 (3): 505–538.

[30] Fisman R, Raturi M. Does Competition Encourage Credit Provision? Evidence from African Trade Credit Relationships [J]. Review of Economics and Statistics, 2004, 86 (1): 345–352.

[31] Foschi M. Double Standards for Competence: Theory and Research [J]. Annual Review of Sociology, 2000, 26 (26): 21–42.

[32] Francis B, Hasan I, Wu Q. Professors in the Boardroom and Their Impact on Corporate Governance and Firm Performance [J]. Financial Management, 2015, 44 (3): 547–581.

[33] Francis J R, Pinnuck M, Watanabe O. Auditor Style and Financial Statement Comparability [J]. Accounting Review, 2014, 89 (2): 605–633.

[34] Franco G D, Kothari S P, Verdi R S. The Benefits of Financial Statement Comparability [J]. Journal of Accounting Research, 2011, 49 (4): 895–931.

[35] Ge Y, Qiu J. Financial Development, Bank Discrimination and Trade Credit [J]. Journal of Banking and Finance, 2007, 31 (2): 513–530.

[36] Giannetti M, Burkart M, Ellingsen T. What You Sell is What You Lend? Explaining Trade Credit Contracts [J]. Review of Financial Studies, 2011, 24 (4): 1261–1298.

[37] Hambrick. Upper Echelons Theory: An Update [J]. Academy of Management Review, 2007, 32 (2): 334–343.

[38] Huang H E, Lee C, Lyu, et al. The Effect of Accounting Academics in the Boardroom on the Value Relevance of Financial Reporting Information [J]. International Review of Financial Analysis, 2016, 45 (5): 18–30.

[39] Hui K W, Klasa S, Yeung E. Corporate Suppliers and Customers and Accounting Conservatism [J]. Journal of Accounting Economics. 2012, 53 (1–2): 115–135.

[40] Imhof M J, Seavey S E, Smith D B. Comparability and Cost of Equity Capital [J]. Accounting Horizons, 2017, 31 (2): 125–138.

［41］Kaplan S N, Zingales L. Do Investment–Cash Flow Sensitivities Provide Useful Measures of Financing Constraints?［J］. Quarterly Journal of Economics, 1997, 112（1）: 169–215.

［42］Kaplan S N, Klebanov M M, Sorensen M. Which CEO Characteristics and Abilities Matter?［J］. Journal of Finance, 2012, 67（3）: 973–1007.

［43］Kim S, Kraft P, Ryan S G. Financial Statement Comparability and Credit Risk［J］. Review of Accounting Studies, 2013, 18（3）: 783–823.

［44］Kreps D M, Wilson R B. Reputation and Imperfect Information［J］. Journal of Economic Theory, 1982, 27（2）: 253–279.

［45］Krishnan G V, Parsons L M. Getting to the Bottom Line: An Exploration of Gender and Earnings Quality［J］. Journal of Business Ethics, 2008, 78（1–2）: 65–76.

［46］Leana C R, Van Buren H J. Organizational Social Capital and Employment Practices［J］. Academy of Management Review, 1999, 24（3）: 538–555.

［47］Li S. Does Mandatory Adoption of International Financial Reporting Standards in the European Union Reduce the Cost of Equity Capital?［J］. Accounting Review, 2010, 85（2）: 607–636.

［48］Long M S, Malitz I B, Ravid S A, et al. Trade Credit, Quality Guarantees and Product Marketability［J］. Financial Management, 1993, 22（4）: 117–127.

［49］Long, Michael, Malitz, Ileen and Ravid, Abraham. Trade Credit, Quality Guarantees and Product Marketability［J］. Financial Management, 1993, 22（4）: 117–127.

［50］Lukas B A, Ferrell O C. The Effect of Market Orientation on Product Innovation［J］. Journal of the Academy of Marketing Science, 2000, 28（2）: 239–247.

［51］Mangena M, Pike R. The Effect of Audit Committee Shareholding, Financial Expertise and Size on Interim Financial Disclosures［J］. Accounting and Business Research, 2005, 35（4）: 327–349.

［52］Margarethe F. Wiersema, Karen A. Bantel. Top Management Team Demography and Corporate Strategic Change［J］. The Academy of Management Journal, 1992, 35（1）: 91–121.

［53］Marquis C, Tilcsik A. Imprinting: Toward a Multilevel Theory［J］. Academy of Management Annals, 2013, 7（1）.

［54］Mary E B, Wayne R L, Mark L, et al. Are IFRS–based and US GAAP–based Accounting Amounts Comparable?［J］. Journal of Accounting & Economics, 2012, 54（1）: 68–93.

［55］Mcmillan J, Woodruff C. Interfirm Relationships and Informal Credit in Vietnam［J］. The Quarterly Journal of Economics, 1999, 114（4）: 1285–1320.

［56］Mian S L，Smith C W. Accounts Receivable Management Policy：Theory and Evidence ［J］. Journal of Finance，1992，47（1）：169–200.

［57］Mian，Shehzad and Clifford，Smith. Accounts Receivable Management Policy：Theory and Evidence ［J］. Journal of Finance，1992，47（1）：169–200.

［58］Mohr L B. Determinants of Innovation in Organizations ［J］. The American Political Science Review，1969，63（1）：111–126.

［59］Nahapiet J，Ghoshal S. Social Capital，Intellectual Capital，and the Organizational Advantage ［J］. Academy of Management Review，1998，23（2）：242–266.

［60］Nilsen J H. Trade Credit and the Bank Lending Channel ［J］. Journal of Money Credit & Banking，2002，34（1）：226–253.

［61］Patatoukas P N. Customer–Base Concentration：Implications for Firm Performance and Capital Markets ［J］. Accounting Review，2012，87（2）：363–392.

［62］Pei H H. Do Financial Expert Directors Affect the Incidence of Accruals Management to Meet or Beat Analyst Forecasts?［J］. Asia–Pacific Journal of Accounting & Economics，2015，22（4）：406–427.

［63］Petersen M A，Rajan R G. Trade Credit：Theories and Evidence ［J］. The Review of Financial Studies，1997，10（3）：661–691.

［64］Fisman R，Ra Turi M. Does Competition Encourage Credit Provision? Evidence from African Trade Credit Relationships ［J］. Review of Economics and Statistics，2004，86（1）：345–352.

［65］Schrand C M，Zechman S L C. Executive Overconfidence and the Slippery Slope to Financial Misreporting ［J］. Social Science Electronic Publishing，2012，53（1–2）：311–329.

［66］Segev E，Gavious I，Yosef R. Female Directors and Earnings Management in High - Technology Firms ［J］. Pacific Accounting Review，2012，24（1）：4–32.

［67］Srinidhi B，Gul F A，Tsui J. Female Directors and Earnings Quality ［J］. Contemporary Accounting Research，2011，28（5）：1610–1644.

［68］Tadelis S. What's in a Name? Reputation as a Tradeable Asset ［J］. American Economic Review，1999（89）：548–563.

［69］Wilson N，Summers B. Trade Credit Terms Offered by Small Firms：Survey Evidence and Empirical Analysis ［J］. Journal of Business Finance & Accounting，2002，29（3–4）：317–351.

［70］边燕杰，李煜. 中国城市家庭的社会网络资本 ［J］. 清华社会学评论，2001，2（2）：1–18.

［71］蔡春，唐凯桃，薛小荣. 会计专业独董的兼职席位、事务所经历与真实盈余管理 ［J］. 管理科学，2017，30（4）：30–47.

［72］蔡春，谢柳芳，马可哪呐．高管审计背景、盈余管理与异常审计收费［J］．会计研究，2015，36（3）：72-78.

［73］曹强，胡南薇，陈乐乐．审计师流动与财务报告可比性——基于中国会计师事务所合并的经验证据［J］．会计研究，2016，37（10）：86-92.

［74］曾萍，邬绮虹．女性高管参与对企业技术创新的影响——基于创业板企业的实证研究［J］．科学学研究，2012，30（5）：773-781.

［75］陈春花，朱丽，宋继文．学者价值何在？高管学术资本对创新绩效的影响研究［J］．经济管理，2018，40（10）：92-105.

［76］陈汉文，程智荣．内部控制、股权成本与企业生命周期［J］．厦门大学学报（哲学社会科学版），2015（2）：40-49.

［77］陈红，陈玉秀，杨燕雯．表外负债与会计信息质量、商业信用［J］．南开管理评论，2014，17（1）：69-75.

［78］陈红，王磊．产品市场竞争对公司代理成本和代理效率的影响［J］．当代经济研究，2014，24（4）：37-43.

［79］陈玲，杨文辉．政府研发补贴会促进企业创新吗？——来自中国上市公司的实证研究［J］．经济研究，2015（1）：7-9.

［80］陈钦源，马黎珺，伊志宏．分析师跟踪与企业创新绩效——中国的逻辑［J］．南开管理评论，2017，20（3）：15-27.

［81］陈胜蓝，马慧．贷款可获得性与公司商业信用——中国利率市场化改革的准自然实验证据［J］．管理世界，2018，34（11）：108-120.

［82］陈思，何文龙，张然．风险投资与企业创新：影响和潜在机制［J］．管理世界，2017（1）：158-169.

［83］陈翔宇，肖虹，万鹏．会计信息可比性、信息环境与业绩预告准确度［J］．财经论丛（浙江财经大学学报），2015，19（10）：58-66.

［84］陈怡欣，张俊瑞，汪方军．卖空机制对上市公司创新的影响研究——基于我国融资融券制度的自然实验［J］．南开管理评论，2018（2）：62-74.

［85］陈玥，江轩宇．会计信息可比性能够降低审计收费吗？——基于信息环境与代理问题的双重分析［J］．审计研究，2017，33（2）：89-97.

［86］陈运森，王玉涛．审计质量、交易成本与商业信用模式［J］．审计研究，2010，21（6）：77-85.

［87］储德银，杨姗，宋根苗．财政补贴、税收优惠与战略性新兴产业创新投入［J］．财贸研究，2016（5）：83-89.

［88］邓建平，陈爱华．高管金融背景与企业现金持有——基于产业政策视角的实证研究［J］．经济与管理研究，2017，38（3）：133-144.

［89］翟胜宝，李行天，徐亚琴．企业文化与商业信用："诚信"起作用吗［J］．当代财

经，2015，36（6）：118-129.

［90］丁鑫，杨忠海.货币政策紧缩，会计信息可比性与银行借款［J］.会计研究，
2021，42（5）：33-40.

［91］董红晔，李小荣.商业信用与银行贷款的替代效应——基于控股股东代理问题的
研究［J］.山西财经大学学报，2014，36（11）：25-35.

［92］杜勇，周丽.高管学术背景与企业金融化［J］.西南大学学报（社会科学版），
2019，45（6）：63-74.

［93］方红星，楚有为.公司战略与商业信用融资［J］.南开管理评论，2019，22（5）：
142-154.

［94］方红星，张勇，王平.法制环境、供应链集中度与企业会计信息可比性［J］.会
计研究，2017，38（7）：33-40.

［95］方军雄.所有制、制度环境与信贷资金配置［J］.经济研究，2007，42（12）：82-
92.

［96］方明月.市场竞争、财务约束和商业信用——基于中国制造业企业的实证分析
［J］.金融研究，2014，57（2）：111-124.

［97］耿艳丽，鲁桂华，李璇.纳税诚信企业更容易获得商业信用融资吗？［J］.管理评
论，2021，33（3）：269-281.

［98］郭晓玲，李凯.供应链集中度、市场地位与企业研发投入：横向与纵向的二维视
角［J］.产经评论，2019，10（2）：6-19.

［99］郭玉冰，乔嘉元，郭好.高管学术经历对企业社会责任履行的影响：基于烙印理
论的机制研究［J］.中国人力资源开发，2021，38（5）：84-100.

［100］韩静，陈志红，杨晓星.高管团队背景特征视角下的会计稳健性与投资效率关
系研究［J］.会计研究，2014，35（12）：25-31.

［101］韩庆潇，杨晨，顾智鹏.高管团队异质性对企业创新效率的门槛效应——基于
战略性新兴产业上市公司的实证研究［J］.中国经济问题，2017（2）：42-53.

［102］韩忠雪，崔建伟，王闪.技术高管提升了企业技术效率吗？［J］.科学学研究，
2014，32（4）：559-568.

［103］韩忠雪，崔建伟.技术高管、制度环境与技术效率［J］.软科学，2015，29（3）：
33-37.

［104］郝项超，梁琪，李政.融资融券与企业创新：基于数量与质量视角的分析［J］.
经济研究，2018（6）：127-141.

［105］何康，项后军，方显仓.参与精准扶贫有助于企业获得政府补助吗——基于高
管经历视角［J］.财经论丛，2022，38（3）：15-25.

［106］何强，陈松.我国上市公司董事会结构对 R&D 投入的影响［J］.系统管理学报，
2009，18（6）：612-619.

[107] 何威风，刘启亮.我国上市公司高管背景特征与财务重述行为研究 [J].管理世界，2010，26（7）：144-155.

[108] 何威风，刘巍.商业信用中的管理者效应：基于管理者能力的视角 [J].会计研究，2018，39（2）：48-54.

[109] 何威风.高管团队垂直对特征与企业盈余管理行为研究 [J].南开管理评论，2015，18（1）：141-151.

[110] 何旭，马如飞.高管学术背景、市场化进程与企业创新投入 [J].云南财经大学学报，2020，36（10）：88-100.

[111] 何玉润，林慧婷，王茂林.产品市场竞争、高管激励与企业创新——基于中国上市公司的经验证据 [J].财贸经济，2015（2）：125-135.

[112] 洪金明，王梦凯，马德芳.商业信用供给的同伴效应：近朱者赤乎？[J].北京工商大学学报（社会科学版），2021，36（5）：102-113.

[113] 胡华夏，洪荭，肖露璐，等.税收优惠与研发投入——产权性质调节与成本粘性的中介作用 [J].科研管理，2017，38（6）：135-143.

[114] 胡凯，吴清.R&D 税收激励、知识产权保护与企业的专利产出 [J].财经研究，2018（4）：7-9.

[115] 胡元木，纪端.董事技术专长、创新效率与企业绩效 [J].南开管理评论，2017，20（3）：40-52.

[116] 胡元木，纪端.技术非执行董事与真实盈余管理研究——基于倾向得分匹配法（PSM）的检验 [J].东岳论丛，2017，38（3）：147-154.

[117] 胡元木，刘佩，纪端.技术独立董事能有效抑制真实盈余管理吗？——基于可操控 R&D 费用视角 [J].会计研究，2016（3）：29-35.

[118] 胡元木.技术独立董事可以提高 R&D 产出效率吗？[J].南开管理评论，2012（2）：136-142.

[119] 胡志亮，郑明贵.企业战略差异影响了商业信用融资吗？——基于规模歧视、行业特征的调节效应分析 [J].管理评论，2022（4）：1-11.

[120] 黄波.法制环境、会计信息可比性与债券信用利差 [J].财经论丛，2020，36（3）：78-86.

[121] 黄灿，年荣伟，蒋青嬗，等."文人下海"会促进企业创新吗？[J].财经研究，2019，64（5）：111-124.

[122] 黄千员，宋远方.供应链集中度对企业研发投入强度影响的实证研究——产权性质的调节作用 [J].研究与发展管理，2019，31（3）：13-26.

[123] 贾军，魏雅青.产品市场竞争、客户关系治理与企业创新关系研究——基于行业竞争程度与企业市场地位的双重考量 [J].软科学，2019，33（12）：66-71.

[124] 江伟，曾业勤.金融发展、产权性质与商业信用的信号传递作用 [J].金融研

究，2013，56（6）：89–103.

［125］江伟，底璐璐，刘诚达.商业信用与合作型客户关系的构建——基于提供给大客户应收账款的经验证据［J］.金融研究，2021，64（3）：151–169.

［126］江轩宇，申丹琳，李颖.会计信息可比性影响企业创新吗［J］.南开管理评论，2017，20（4）：82–92.

［127］姜付秀，黄磊，张敏.产品市场竞争、公司治理与代理成本［J］.世界经济，2009，32（10）：46–59.

［128］姜付秀，张晓亮，郑晓佳.学者型CEO更富有社会责任感吗——基于企业慈善捐赠的研究［J］.经济理论与经济管理，2019（4）：35–51.

［129］蒋薇薇，王喜.企业家声誉会影响民营企业商业信用融资吗［J］.贵州财经大学学报，2015，33（3）：39.

［130］郎香香，尤丹丹.管理者从军经历与企业研发投入［J］.科研管理，2021，42（6）：166–175.

［131］雷啸，唐雪松，蒋心怡.会计信息可比性能否抑制高管在职消费？［J］.中央财经大学学报，2021，42（7）：71–82.

［132］雷啸，唐雪松.降本增效：会计信息可比性能否降低企业成本粘性［J］.现代财经（天津财经大学学报），2020，40（12）：17–32.

［133］黎文靖，郑曼妮.实质性创新还是策略性创新？——宏观产业政策对微观企业创新的影响［J］.经济研究，2016，51（4）：60–73.

［134］李辰颖，刘红霞.基于买方市场理论的CEO声誉与商业信用融资关系研究［J］.经济与管理研究，2013，33（8）：39–47.

［135］李高波，于博.企业战略差异与商业信用模式［J］.财经问题研究，2021，43（6）：100–109.

［136］李广子，刘力.债务融资成本与民营信贷歧视［J］.金融研究，2009，52（12）：137–150.

［137］李慧云，刘倩颖，欧倩，符少燕.产品市场竞争视角下信息披露与企业创新［J］.统计研究，2020，37（7）：80–92.

［138］李健，杨蓓蓓，潘镇.产品市场竞争、管理层持股与管理效率——基于中国制造业企业面板数据的研究［J］.广东财经大学学报，2016，31（5）：72–83.

［139］李莉，顾春霞，于嘉懿.国企高管政治晋升、背景特征与过度投资［J］.预测，2018（1）：29–35.

［140］李玲.产品市场竞争与企业创新关系实证研究——来自深市上市公司的证据［J］.科技进步与对策，2014，31（19）：96–102.

［141］李青原，王露萌.会计信息可比性与公司避税［J］.会计研究，2019，40（9）：35–42.

［142］李任斯，刘红霞.供应链关系与商业信用融资——竞争抑或合作［J］.当代财经，2016，37（4）：115-127.

［143］李维安，李浩波，李慧聪.创新激励还是税盾？——高新技术企业税收优惠研究［J］.科研管理，2016，37（11）：61-70.

［144］李闻一，潘珺.财务共享服务中心与公司商业信用融资——基于异时 DID 模型研究［J］.华中师范大学学报（人文社会科学版），2021，60（4）：59-72.

［145］李长娥，谢永珍.区域经济发展水平、女性董事对公司技术创新战略的影响［J］.经济社会体制比较，2016，42（4）：120-131.

［146］梁飞媛.专有性成本与公司自愿性信息披露策略［J］.审计与经济研究，2008，23（6）：89-92.

［147］刘放，杨筝，杨曦.制度环境、税收激励与企业创新投入［J］.管理评论，2016，28（2）：61-73.

［148］刘凤朝，默佳鑫，马荣康.高管团队海外背景对企业创新绩效的影响研究［J］.管理评论，2017，29（7）：135-147.

［149］刘欢，邓路，廖明情.公司的市场地位会影响商业信用规模吗？［J］.系统工程理论与实践，2015，35（12）：3119-3134.

［150］刘继红，章丽珠.高管的审计师工作背景、关联关系与应计、真实盈余管理［J］.审计研究，2014，30（4）：104-112.

［151］刘金山，刘亚攀.智变赢未来：企业家学术背景与企业创新绩效［J］.杭州师范大学学报（社会科学版），2017，39（6）：110-117.

［152］刘丽珑，张国清.女性董事改善了企业会计稳健性吗？——基于中国民营上市公司的经验证据［J］.北京工商大学学报（社会科学版），2015，30（2）：66-73.

［153］刘仁伍，盛文军.商业信用是否补充了银行信用体系［J］.世界经济，2011(11)：103-120.

［154］刘睿智，刘志恒，胥朝阳.主并企业会计信息可比性与股东长期财富效应［J］.会计研究，2015，36（11）：34-40.

［155］刘婷，杨琦芳."她力量"崛起：女性高管参与对企业创新战略的影响［J］.经济理论与经济管理，2019（8）：75-90.

［156］刘杨晖，周美华，许晓芳.可比的会计信息与债务担保有替代效应吗？［J］.华东经济管理，2019，33（4）：130-140.

［157］刘杨晖.签字注册会计师行业专长与会计信息可比性［J］.财经理论与实践，2018，39（3）：98-104.

［158］刘永丽.管理者团队中垂直对特征影响会计稳健性的实证研究［J］.南开管理评论，2014，17（2）：107-116.

［159］刘振，黄丹华."一带一路"参与、高管海外背景与企业技术创新［J］.管理科

学，2021，34（4）：71-88.

[160]鲁桂华，潘柳芸.高管学术经历影响股价崩盘风险吗？[J].管理评论，2021，
33（4）：259-270.

[161]鲁威朝.内部控制与跨公司信息传递[D].厦门大学博士学位论文，2019.

[162]罗党论，杨文慧，黄依梅.企业家科研禀赋与企业金融化[J].南方金融，
2022，44（2）：58-71.

[163]罗劲博.高管的"红顶商人"身份与公司商业信用[J].上海财经大学学报，
2016，18（3）：48-61.

[164]罗忠莲，田兆丰.上市公司战略差异度、高质量审计与会计信息可比性[J].山
西财经大学学报，2018，40（8）：109-124.

[165]吕文栋，刘巍，何威风.管理者异质性与企业风险承担[J].中国软科学，2015
（12）：120-133.

[166]潘临，郝莉莉，张龙平.签字会计师执业经验与会计信息可比性——来自中国
证券市场的经验证据[J].审计与经济研究，2019，34（4）：44-56.

[167]潘颖雯，万迪防.研发的不确定性与研发人员激励契约的设计研究[J].科学学
与科学技术管理，2007，28（8）：175-178.

[168]彭红星，毛新述.政府创新补贴、公司高管背景与研发投入——来自我国高科
技行业的经验证据[J].财贸经济，2017，36（3）：147-160.

[169]彭中文，曾龙基，魏浩.产品市场竞争、知识外溢与企业技术效率提升[J].科
技进步与对策，2019，36（19）：91-99.

[170]钱爱民，朱大鹏.财务重述影响供应商向企业提供商业信用吗——来自A股上
市公司的经验证据[J].财经理论与实践，2017，38（4）：62-69.

[171]秦翡.高管学术经历、现金持有与公司业绩[J].贵州财经大学学报，2019（4）：
40-50.

[172]权小锋，醋卫华，尹洪英.高管从军经历、管理风格与公司创新[J].南开管理
评论，2019，22（6）：140-151.

[173]权小锋，尹洪英.中国式卖空机制与公司创新——基于融资融券分步扩容的自
然实验[J].管理世界，2017（1）：128-144.

[174]邵伟，刘建华.客户集中度对企业技术创新效率影响的门槛效应研究——基于
企业规模和企业市场地位的门槛视角[J].软科学，2021，35（4）：43-48.

[175]沈华玉，张军，余应敏.高管学术经历，外部治理水平与审计费用[J].审计研
究，2018，34（4）：86-94.

[176]沈艺峰，王夫乐，陈维."学院派"的力量：来自具有学术背景独立董事的经验
证据[J].经济管理，2016，38（5）：176-186.

[177]宋林，张丹.高管政治关联与海外背景对企业创新能力的协同影响研究[J].当

代经济科学，2019，41（6）：98-107.

［178］孙光国，杨金凤.机构投资者持股能提高会计信息可比性吗？［J］.财经论丛（浙江财经大学学报），2017，33（8）：65-74.

［179］汤莉，余银芳.CEO学术经历与企业双元创新［J］.华东经济管理，2021，35（10）：59-69.

［180］唐清泉.如何看待公司董事会的认知资源［J］.南开管理评论，2002，5（2）：14-16.

［181］万宇洵，肖秀芬.高管身份特征对盈余质量影响的实证研究［J］.财经理论与实践，2012，33（6）：57-60.

［182］王春元.税收优惠刺激了企业R&D投资吗？［J］.科学学研究，2017，35（2）：255-263.

［183］王德建，冯兰时.高管学术经历能提高企业分红吗？［J］.南方经济，2021（3）：89-105.

［184］王红建，曹瑜强，杨庆，等.实体企业金融化促进还是抑制了企业创新——基于中国制造业上市公司的经验研究［J］.南开管理评论，2017，20（1）：155-166.

［185］王红建，汤泰劼，李茫茫，刘梓微.通货膨胀、非对称性贬值与商业信用结构——基于产品市场竞争地位的视角［J］.管理科学学报，2021，24（2）：28-47.

［186］王怀明，张惠.财务背景独立董事与会计信息质量［J］.南京农业大学学报（社会科学版），2009，9（1）：57-61.

［187］王靖宇，付嘉宁，张宏亮.产品市场竞争与企业创新：一项准自然实验［J］.现代财经（天津财经大学学报），2019，39（12）：52-66.

［188］王清，周泽将.女性高管与R&D投入：中国的经验证据［J］.管理世界，2015（3）：178-179.

［189］王霞，薛跃，于学强.CFO的背景辅征与会计信息质量——基于中国财务重述公司的经验证据［J］.财经研究，2011，56（9）：123-133.

［190］王雄元，彭旋，王鹏.货币政策、稳定客户关系与强势买方商业信用［J］.财务研究，2015，1（6）：15-23.

［191］王彦超，林斌.金融中介、非正规金融与现金价值［J］.金融研究，2008（3）：177-199.

［192］王彦超.金融抑制与商业信用二次配置功能［J］.经济研究，2014，49（6）：86-99.

［193］王瑶，支晓强.超额商誉与商业信用融资［J］.科学决策，2021（10）：1-19.

［194］王昀，孙晓华.加价能力、行业结构与企业研发投资——市场势力与技术创新

关系的再检验［J］.科研管理，2018，39（6）：141-149.

［195］魏志华，曾爱民，李博.金融生态环境与企业融资约束——基于中国上市公司的实证研究［J］.会计研究，2014，35（5）：73-80.

［196］温忠麟，叶宝娟.中介效应分析：方法和模型发展［J］.心理科学进展，2014，22（5）：731-745.

［197］温忠麟，张雷，侯杰泰，等.中介效应检验程序及其应用［J］.心理学报，2004，36（5）：614-620.

［198］文雯，张晓亮，宋建波.学者型CEO能否抑制企业税收规避［J］.山西财经大学学报，2019，41（6）：110-124.

［199］吴娜，于博.客户集中度、体恤效应与商业信用供给［J］.云南财经大学学报，2017，33（4）：141-152.

［200］吴世农，王建勇，黄世忠.应收项目、应付项目的信息含量差异及其影响——以融资成本与公司价值为视角的实证研究［J］.厦门大学学报（哲学社会科学版），2019（5）：51-62.

［201］吴欣桐，陈劲，梅亮，等.刻板印象：女性创新者在技术创新中的威胁抑或机会？［J］.外国经济与管理，2017，39（11）：45-60.

［202］吴翌琳，黄实磊.融资效率对企业双元创新投资的影响研究——兼论产品市场竞争的作用［J］.会计研究，2021（12）：121-135.

［203］吴育辉，黄飘飘，陈维，吴世农.产品市场竞争优势、资本结构与商业信用支持——基于中国上市公司的实证研究［J］.管理科学学报，2017，20（5）：51-65.

［204］吴祖光，万迪昉，康华.客户集中度、企业规模与研发投入强度——来自创业板上市公司的经验证据［J］.研究与发展管理，2017，29（5）：43-53.

［205］向锐.财务独立董事特征与会计稳健性［J］.山西财经大学学报，2014，35（6）：102-112.

［206］谢盛纹，刘杨晖.审计师变更、前任审计师任期和会计信息可比性［J］.审计研究，2016，32（2）：82-89.

［207］谢盛纹，王清.会计师事务所行业专长与会计信息可比性：来自我国证券市场的证据［J］.当代财经，2016，37（5）：108-119.

［208］谢盛纹，杨钦皓，刘睿.客户重要性与会计信息可比性——来自中国证券市场的经验证据［J］.南京审计大学学报，2017，14（1）：74-84.

［209］修宗峰，刘然，殷敬伟.财务舞弊、供应链集中度与企业商业信用融资［J］.会计研究，2021（1）：82-99.

［210］修宗峰，刘然.企业财务重述、供应链关系与商业信用融资［J］.管理工程学报，2022，36（4）：86-107.

［211］徐虹，林钟高，余婷，何亚伟.内部控制有效性、会计稳健性与商业信用模式

［J］. 审计与经济研究，2013，28（3）：65-73.

［212］徐铁祥，郭文倩. 学者型高管对企业真实盈余管理行为的影响［J］. 经济与管理评论，2020，36（6）：76-87.

［213］徐星美，权小锋，朱姗姗. 供应链集中度与企业创新——基于中国制造业上市公司的实证研究［J］. 商业经济与管理，2022（4）：5-16.

［214］许致维，李少育，彭维瀚. 会计信息质量与企业的商业信用融资——基于未解释审计费用度量的实证研究［J］. 经济与管理研究，2017，38（8）：124-135.

［215］杨金凤，陆建桥，王文慧. 我国会计师事务所合并的整合效果研究——以会计信息可比性为视角［J］. 会计研究，2017，38（6）：3-10.

［216］叶飞腾，薛爽，杨辰. 会计师事务所合并能提高财务报表的可比性吗?——基于中国上市公司的经验证据［J］. 会计研究，2017，38（3）：68-74.

［217］易靖韬，张修平，王化成. 企业异质性、高管过度自信与企业创新绩效［J］. 南开管理评论，2015，18（6）：101-112.

［218］余明桂，李文贵，潘红波. 民营化、产权保护与企业风险承担［J］. 经济研究，2013（9）：112-124.

［219］余明桂，潘红波. 所有权性质、商业信用与信贷资源配置效率［J］. 经济管理，2010，32（8）：106-117.

［220］俞静，王运栋. 市场竞争地位视角下高管学术背景与创新投资——来自资源型上市企业的经验证据［J］. 南京财经大学学报，2021，39（6）：56-65.

［221］袁卫秋，汪立静. 信息披露质量、货币政策与商业信用融资［J］. 证券市场导报，2016（7）：4-10+18.

［222］袁知柱，侯乃望. 投资者保护、终极控制人性质与会计信息可比性［J］. 财经理论与实践，2017，38（6）：70-77.

［223］袁知柱，吴粒. 会计信息可比性研究评述及未来展望［J］. 会计研究，2012，33（9）：248-248.

［224］袁知柱，张小曼，于雪航. 产品市场竞争与会计信息可比性［J］. 管理评论，2017，29（10）：234-247.

［225］苑泽明，王培林，富钰媛. 高管学术经历影响企业研发操纵了吗?［J］. 外国经济与管理，2020，42（8）：109-122.

［226］张会丽，王开颜. 行业竞争影响企业商业信用提供吗?——来自中国 A 股资本市场的经验证据［J］. 中央财经大学学报，2019，39（2）：64-73.

［227］张霁若. CEO 变更对会计信息可比性的影响研究［J］. 会计研究，2017，38（11）：52-57.

［228］张劲帆，李汉涟，何晖. 企业上市与企业创新——基于中国企业专利申请的研究［J］. 金融研究，2017（5）：160-175.

［229］张军华. 产品市场竞争、制度环境与权益资本成本［J］. 山西财经大学学报，2014，36（4）：58-68.

［230］张楠，徐良果，戴泽伟，李妍锦.产品市场竞争、知识产权保护与企业创新投入［J］.财经科学，2019（11）：54-66.

［231］张先治，徐健.会计信息可比性与债务契约定价研究［J］.财经理论与实践，2021，42（5）：67-74.

［232］张晓，肖志超.管理层过度自信会影响会计信息可比性吗？［J］.中央财经大学学报，2018（5）：59-71.

［233］张晓亮，文雯，宋建波.学者型CEO更加自律吗？——学术经历对高管在职消费的影响［J］.经济管理，2020，42（2）：106-126.

［234］张晓亮，杨海龙，唐小飞.CEO学术经历与企业创新［J］.科研管理，2019，40（2）：154-163.

［235］张新民，王珏，祝继高.市场地位、商业信用与企业经营性融资［J］.会计研究，2012，33（8）：58-65.

［236］张永杰，潘临.客户集中度、公司治理水平与会计信息可比性［J］.山西财经大学学报，2018，40（11）：110-124.

［237］张勇.诚信纳税与企业商业信用融资——来自中国纳税信用A级企业的经验证据［J］.金融论坛，2021，26（6）：60-70.

［238］张勇.会计信息可比性与企业商业信用融资——基于企业市场地位和行业竞争环境的双重考量［J］.财经理论与实践，2017，38（6）：78-85.

［239］张勇.投资者实地调研与企业会计信息可比性——来自深交所"互动易"平台的经验证据［J］.证券市场导报，2018（5）：13-22.

［240］张勇.信任、审计意见与商业信用融资［J］.审计研究，2013，29（5）：72-79.

［241］章铁生，李媛媛.客户关系型交易、产品独特性与商业信用供给［J］.会计与经济研究，2019，33（1）：86-102.

［242］章永奎，赖少娟，杜兴强.学者型独立董事、产品市场竞争与公司创新投入［J］.经济管理，2019，41（10）：123-142.

［243］赵昌文，唐英凯，周静，邹晖.家族企业独立董事与企业价值——对中国上市公司独立董事制度合理性的检验［J］.管理世界，2008，24（8）：119-126.

［244］赵刚，徐升艳.高管变更与会计稳健性的相关性研究［J］.财经理论与实践，2013，34（3）：74-78.

［245］赵珊珊，王素荣，陈晓晨.高管学术经历、企业异质性与企业创新［J］.现代财经（天津财经大学学报），2019，39（5）：73-89.

［246］赵欣，杨世忠.高管学术经历与企业成本粘性［J］.软科学，2021，35（3）：35-41.

［247］郑超愚，孟祥慧．企业声誉、市场竞争与商业信用融资——基于中国上市公司的经验考察［J］．东岳论丛，2021，42（1）：98-106.

［248］郑军，林钟高，彭琳．地区市场化进程、相对谈判能力与商业信用［J］．财经论丛，2013，174（5）：81-87.

［249］郑军，林钟高，彭琳．高质量的内部控制能增加商业信用融资吗？——基于货币政策变更视角的检验［J］．会计研究，2013，44（6）：62-68.

［250］郑琦，李常安．会计信息可比性与新三板公司定向增发［J］．证券市场导报，2017，27（10）：26-35.

［251］钟昌标，黄远浙，刘伟．新兴经济体海外研发对母公司创新影响的研究——基于渐进式创新和颠覆式创新视角［J］．南开经济研究，2014（6）：91-104.

［252］周冬华，梁晓琴．客户集中度、分析师跟进与会计信息可比性［J］．山西财经大学学报，2018，39（7）：112-124.

［253］周楷唐，麻志明，吴联生．高管学术经历与公司债务融资成本［J］．经济研究，2017，52（7）：169-183.

［254］周晓苏，王磊，陈沉．企业间高管联结与会计信息可比性——基于组织间模仿行为的实证研究［J］．南开管理评论，2017，20（3）：100-112.

［255］周泽将，修宗峰．女性高管能降低盈余管理程度吗？——基于中国资本市场的经验证据［J］．中南财经政法大学学报，2014，67（5）：95-102.

［256］周泽将．女性报告了更加稳健的会计信息吗？［J］．安徽大学学报（哲学社会科学版），2012，36（5）：145-151.

［257］朱杰．财务战略影响公司商业信用融资能力吗？［J］．审计与经济研究，2018，33（6）：71-82.

［258］朱丽，柳卸林，刘超，杨虎．高管社会资本、企业网络位置和创新能力——"声望"和"权力"的中介［J］．科学学与科学技术管理，2017，38（6）：94-109.